実録

雨ニモマケズ

～教頭編～

西岡章博

実録『雨ニモマケズ～教頭編～』

巻頭　発刊に寄せる

三十八年間「教師」という仕事にこの身を置き、新型コロナウイルス感染防止による「非常事態宣言」が出された、記憶にも残る今春に退職という人生の扉、大きな節目を迎えた。それと同時に三人の子どもたちも独立し、現在七名の孫に恵まれ、夫婦二人の静かな生活にまた戻った。

五十代、児童数約千三百名、教職員八十名のマンモス校の新任教頭に任用され、強烈な半端ない仕事の量と質に自分を失いかけ、同時に両親の介護、そして両親の死、また直後に孫の誕生と、悲喜交々が重なり、必死に生きてきた。そんな中で迎えた退職、しだいに両親に近づく歳になり、遅まきながら自分の人生を、「死」を見つける歳になる。同時に「生」を見つめるようになり、愛する人たちのために生きていきたい、と思えるようになってきた。

また、昨年暮れより、「リウマチ性全身性関節痛」に罹患、投与量限界の免疫抑制剤「メトレート」による治療が始まり、新型コロナウイルスに感染すれば重篤化患者となる。やっと最近、明日亡くなっても後悔しない一日を送りたいと、考えられるようにもなれた。

先ほども言ったように、マンモス校の新任教頭として赴任。日々学校事務に埋没。一年が過ぎた頃、焦燥感にも埋もれていた。どうすれば効率よく全ての教職員へ情報を伝達・共有できるのか。前教頭（現校長）に習い「週予定表」を職員へ配布し、「依頼事項」を追加し、約一年間続けたが、改善は難しく、それと共にストレスだけが増大していった。「まず教頭としての『人間西岡』、を知ってもらおう」、そのことが結局、職員との関係を築き、思いを伝える近道になるのではと、「今週のコラム」を挿入し「教頭通信」と改名した。

文字数にして六百〜八百文字。「医は仁術」とは「医は人命を救う博愛の道である」（広辞苑）ことを意味する格言。ならば、「教育は人術（じんじゅつ）」。「教えながら人をつくる」仕事。少しきつい言い方をしますが、子どもたちの傷を癒すだけでは教師とはいえない。傷を癒し、その傷跡を前にもまして強くすること。そして、未来に向かって進む強い意志と勇気、知恵と知識を〝授ける〟こと。その意味からは外れないよう話題やエッセーを紹介し、自分の思いや考えを綴った。それと私自身を少しでも知ってほしいとの思いで教師へ向けて書き始めた。

決して暇ではないが、一つの文章を長い時間かかって考えることもある。推敲とは聞こえは良いが、文章を生む鍛錬でもあると同時に人間性を高める訓練だと、あれこれ文をこねくり回してきた。その基本はやはり天声人語。六〇三文字の中に、筆者の思いや考えが無駄なく綴られている。洗練された文と博識で的確な言葉が時にはナイフのように世の中を切り裂き、旬な言葉が時勢を語る。また、その鋭さとは反対に弱者へは深遠な愛で包み込む、その優しさに感動を受けてきた。

このコラムおよそ四年間分を退職前に読み返した。拙いが必死に思いを綴り、伝え、生きていこうとする自分の姿が見え、自分から勇気をもらい奮い立たせることができた。自己満足でかつ、非常に傲慢な言い方かもしれないが、自分の思いや考えを紛れない、美しく、優しい、それでいて素直な言葉や文に載せ相手に届けることができたら、こんな素敵で幸せなことはない、それに私のこの思いが相手に届き頑張れる勇気や希望が与えられるなら思い残すことはない、と。

このコラムには多くの友人、同僚そして最愛の家族が登場する。その人たちが私を支え、生きていく糧を与えてくれたことに感謝し、本書を捧げたい。（合掌）

令和二年（二〇二〇年）四月吉日

西岡　章博

目次

目　次

目　次

実録『雨ニモマケズ～教頭編～』

〈平成二十三年度〉

平成二十三年度

創刊号　二〇一二年二月十九日

第三十七号（2／20～2／26）【今週のコラム】～南高梅～

インフルエンザの患者数が二十四日、減少に転じたとのこと。でもまだまだ油断大敵です。インフルエンザには梅干しが効くとの噂を聞きました。ポリフェノール化合物にウイルス増殖の抑制作用があるとのこと。先週から、信じて毎朝、南高梅を一つ。そのおかげか鼻の通りが若干よくなったような……。

第三十八号（2／27～3／4）【今週のコラム】～今、鳥取が熱い！～

先週土曜日に米子まで日帰り。途中のドライブインでも車や観光客も多く、活気が溢れていました。途中寄った食堂で『日本海新聞』に目を。某携帯会社のCMで鳥取の羽合町《はわい》が全国的に話題になり、第二弾では鳥取砂丘が。次回は大山《だいせん》を是非使用してほしいと某携帯会社の社長にお願いしたとのこと。

冬の日本海は気持ちが落ち込むくらい、暗い鉛色をしていますが、今年の鳥取の冬はやけに明るく、ちょっと熱く感じました。

【お願い】子猫の里親がまだ見つかりません。もし、飼ってもいいと言う方をご存じなら一報ください。詳しくは教頭まで。


第三十九号（3／5～3／11）【今週のコラム】～気になるCM「魔法使いの少年」～


「ACジャパン」のテレビ広告です。押しボタン式信号を横断しようとする少年。時間を気にしながらも信号が赤へ変わり、横断する少年、間の悪さに苛立つ運転手。しかし横断し終わった少年は振り返り丁寧にドライバーへお辞儀、笑顔を送る。ドライバーたちの表情を一瞬にして和やかな笑顔に変えてしまった。突然の「少年の魔法」に心を打たれ、その感動を周りにいた人たちと共有したという実話を再現したそうです。

今日から私も「ありがとう」、改めて心をこめて使います。

〝「ありがとう」の気持ちには思いもよらない力がある〟

【お願い】訳ありで、子猫の里親を探しています。生後二、三週間ですが、今は交番にいます。もし、飼ってもいいと言う方をご存じなら一報ください。詳しくは教頭まで。

第四十号（3／12～3／18）【今週のコラム】～感動したスペシャルTV～

先日、昨年末亡くなった関西プロゴルファー杉原輝雄のスペシャル番組が某テレビ局で放映されていました。私はゴルフはまったくやりませんが、ついつい見てしまいました。杉原輝雄と言えば体格のハンデを技術でカバーした努力型ゴルファーの第一人者。数年前に癌を患いながら、苦しいリハビリを重ね、同一ツアー五十一年連続出場も記録している。亡くなる数ヶ月前のテレビインタビューでの一言が印象的でした。結局このインタビューが最後となりました。

（司会）「杉原さんはなぜそこまでゴルフへこだわるのですか？」

（杉原）「好きなことをボロボロになるまでやれたら、カッコええやろ」とニヤッと笑い、映像が止まる。

とてもカッコいい笑顔でした。

第四十一号（3／19～3／25）【今週のコラム】～「アジアの鉄人」～

私の好きなアスリートの一人にアテネ五輪金メダリスト〝アジアの鉄人〟こと室伏広治さんがいます。彼は三十七歳。アスリートとしては正直ピークを過ぎている。しかし、

平成二十三年度

二〇一一年韓国大邱での世界選手権で金メダルを獲得。その際のインタビューに感動しました。

(某キャスター)「辛いことをどうやって乗り越えてきましたか?」

(室伏)「楽しいことだけが楽しいんじゃない。辛いことを困難なことを乗り越えること。それも楽しいことなんです。」

さすが心身共に〝鉄人〟です。

実録『雨ニモマケズ～教頭編～』

〈平成二十四年度〉

平成二十四年度

第〇号（4／1～4／8）【今週のコラム】～学校の精～

現存する国内最古の木造校舎がある岡山県高梁市立吹屋小学校で三月二十日、最後の卒業式と閉校式が行われました。報道ステーションではその模様を半年間にわたり、ドキュメントで追いました。閉校式が行われた夜に女子アナウンサーと撮影班が校舎内を案内、闇夜の中、撮影ライトに照らされた校舎はひっそりと静寂に包まれ、寂しさを際だたせるのではないかと思いました。またそういう演出をするのではと思って観ていると、アナウンサーは意外にも次のように中継を伝えます。

「百年間もの子どもたちの楽しそうな声がこの校舎の隅々に染みこんでいるかのようで、静寂さを感じさせない。不思議です」と……。

その時にふっと思いました。学校の校舎はひょっとして生きているのではないかと。夜一人で学校にいると、寂しさを感じないのは慣れてきたのではなく、〝学校の精〟と出会えていると。今年も伝統や多くの子どもたちの声に応えられるように、また長い廊下を奔ります。

第一号（4／9〜4／15）【今週のコラム】〜本物の知恵と優しさ〜

先日、娘の引越しで鳥取へ。「鳥取はまだ糸電話？」どころか、四百メートル四方のスクエアーの中に、巨大モール、フードショップ、リサイクルショップに業務スーパー、魚市場にさらに巨大銭湯に競艇場外売り場と一日いても飽きない。洋服に夢中の母娘と別れ本屋へ。「柴田トヨ」さんの詩集『百歳』飛鳥新社（二〇一一年）が目に留まり、申し訳なく立ち読みを。

「俺オレ詐欺に騙されない方法」は柴田さんのやさしさがにじみ出ていた。「……母さんは明日、からだの調子が悪く入院する。歩けないので郵便局にも行けない。でも安心おし、必ず知り合いの駐在さんへ振込みをお願いするので、諦めないで待っていて……」と言い「落ち着いて、誰かに相談する」（原文まま）。

本当の息子かもしれない、おそらく詐欺が濃厚。でも詐欺の相手もこれでは諦めるしかない。いやおそらく詐欺の主、故郷の我が母親を思い、こんな悪行から足を洗うかもしれない、そう考えると柴田さんの「知恵」の奥深さと〝悪行〟をも囲い込む、深遠な優しさが感じられます。是非読んでほしい一冊です。

第二号（4／16〜4／22）【今週のコラム】〜都市型水族館の優しさ〜

最近オープンした「京都水族館」。都市型水族館の第一号。某テレビ局が水槽を設計から飼育まで担当した下村さんの姿を追いました。

都市に作った目的は「普通の魚の普通の姿をちゃんと見せたい」。子どものころから魚が大好き。水槽の窓は小さな子どもの目線に合わせて低くしている。そして、若いスタッフへの助言が気に入りました。「実際に経験したこと、感じたことしか伝えないようにしゃべらないようにしている。マニュアルなんてないんです」と。

朝晩と一つの水槽に五十種類、三千匹の魚に餌を行き渡らせる。餌の大きさ、配合の調整。もちろんスタッフへのねぎらいも。そして一番の驚きは水槽の魚へ「がんばってください」と毎日、声をかけている。

夢を追い続け、謙虚で優しくて子どもっぽい表情がすごく素敵でした。

第三号（4／23〜4／29）【今週のコラム】〜「夜明けのスキャット」由紀さおり〜

先日、校内放送に来た六年生の児童が私の机の前を通るときに口ずさんだ「ル〜ルルルル〜」六十九年のヒット曲を六年生が知っているはずない。聞き間違い？　空耳？　すかさず「その歌知ってるの？」「お母さんが歌ってた」とのこと。
オリコン年間ヒット・チャートで一位に輝いた「夜明けのスキャット」で由紀さおりさんがデビューしたのが一九六九年。アメリカの人気ジャズ・オーケストラ「ピンク・マルティーニ」と組んだアルバムが、世界二十二か国で順次売り出され、今、人気を集めている。この曲のほか、当時の日本や世界でヒットしたポップスをカバーしてあるとのこと。世界的な経済危機などで世の中が慌ただしくなる中で、六十年代のゆったりしたメロディーに加え由紀さんの透明感あふれる声が透明感のない世相に遭ったのではないでしょうか。ちなみに私の好きなのは『恋文』です。
そういえば、『SUKIYAKI』も癒し系で、阪神大震災後にまた歌われていました。

（GW特集号）第四号（4／30～5／13）【今週のコラムその①】～カワセミ～

阪急山本駅から学校へ向かう途中「木接太夫碑《きつぎだゆうひ》」の手前に最明寺川の小さな橋があります。その橋から北のほうをみると〝最明寺川渓谷〟が見えます。今は工事中ですが、昨年の初夏の朝、ここでカワセミを見ました。K先生も見つけたとのこと。カワセミは水が綺麗なところに生息。くちばしが大きく、エメラルドグリーンですばやく水面ぎりぎりを飛ぶ特徴があります。出会えると幸福が……。

【今週のコラムその②】～イノシシ～

昨年、山本駅北の最明寺川で見られたイノシシ。今回は公園に現れたようです。私の田舎では昨年は雪解けの山肌を次々に掘り出し、お墓まで荒らす始末。夜行性ですが、えさの無い冬を過ごした猪は春は昼間でもウロウロするようです。出会ったら、静かにその場を去りましょう。イノシシに出会えたら幸福が……？　まさか！

【今週のコラムその③】～職人の心～

ＪＲ山陰線の廃線路を復活させた、京都嵯峨野トロッコ列車の仕掛け人、長谷川社長の特集番組。

長谷川さんは親会社のＪＲから三日でつぶれると言われた会社を保津峡に絶景の景色をよみがえらせ、見事に再生させせました。

その仕掛け人の一人に京都の桜守、佐野藤右衛門さんの協力がありました。佐野さんの長谷川さんから依頼され、丹精込めて育てた桜の苗木を譲るときの言葉がとても深く気に入りました。

「あんたが下草を刈るんやったら譲る」「あんたが植えた桜を自分で全部見ようと思ったら、

それは人間の傲慢や。次の世代に見てもらうつもりで育てなあかん」

教育の世界でも通じるのではないかと感じました。

ゴールデンウイークはトロッコ列車と保津峡下りは超満員でしょう、では嵐山スカイライン、大原、貴船あたりは……。

第五号（5／7〜5／29）【今週のコラム】〜麹菌の効能〜

最近、料理で大人気の「塩麹」健康と美容に良いとネット検索のトップへ急上昇。その立役者は麹菌というカビの一種。気温三十度湿度八十パーセントで繁殖する微生物。こういうと何とも美食と健康美の言葉は似合わないですが、カビを利用して発酵、アルコールや調味料を考え出したのはアジア特有のもの。いわんやアジア独特の気候がもたらしたもの。

昨年亡くなった親父は杜氏を四十五年間務め、この麹菌と共に生きてきたようなもの。そういえば歳のわりにお肌の張りはありました。おそらく体に麹菌が染み込んでいたのかもしれません。残念ながら息子にまでは効果はなかったようですが……。

「塩麹」、今年大流行しそうです。同時に「麹」悪徳商法もすでに見られています。柴田トヨならなんて言うのでしょうか。ご注意を！

第六号（5／14〜5／20）【今週のコラム】〜「バラの恋人」〜

最近気になるＣＭに某飲料メーカーウーロン茶のＣＭがあります。朝の通学路、交差点、横断歩道をはさんで男子高校生と女子大学生（宮崎あおい）。男子高校生は女子大生に告白を。でも一回目は「生意気！」とかわされます。

二弾目では強引にバラの花束を投げて渡します。「困った子だなぁ」と軽くバラの花束にくちびるを……。その時「いい男になります」と少年は走り去ります。

しかし、もう一人彼に心を寄せる女子高校生がその成り行きを不安そうに見つめているのです。

ザ・ワイルドワンズの「バラの恋人」のＢＧＭが流れる三十秒のＣＭに載せ淡い純愛の駆け引きが。この三人の恋の行方が妙に気になります……果たして第三弾は？　楽しみです。

第七号（5／21〜5／27）【今週のコラム】〜白いヒガンバナ（曼珠沙華）〜

先日、三十年以上通っている小浜「にしき理容店」のご主人に白い彼岸花があると言われ、田舎の田の畦に植えてみたらと、球根をいただいた。正式名が「ヒガンバナ（学名・

Lycoris radiata)」昔より「死人花」「幽霊花」など忌み嫌われた異名が多い花。

しかし、花言葉は「想うはあなた一人。また会う日を楽しみに」「情熱」「再会」「あきらめ」など、なんとも情熱的でロマンチック。また、韓国では生命力旺盛で道端や土手、墓などに生え一夜にして真っ赤な花を咲かせ、冬には見慣れない葉だけ茂る。花と葉は一緒に咲かないことから「花は葉を思い、葉は花を思う」と言われ「サンチョ（相思華）」の異名があります。あの有名な韓流ドラマを思い出します。

しかし、球根には毒性があり、モグラやねずみが畦に穴を開けないようにこの彼岸花を植えたそうです。今は「畦シート」で水漏れを防ぐので、あえて植えることもなくなりました、というより農薬によりモグラもネズミも住み着かない……。

いただいた球根をじっと見ながら、思いました。

ヒガンバナ、球根は毒を持ちますが、それも花と葉を想うがゆえのこと、誰にも見られず、ジッと地中で静かに耐え過ごし綺麗な花を咲かせる。このけなげさと献身的な球根に妙な愛着を感じました。

ご主人曰く白色の彼岸花は変種、その白は類まれな美しさで水中花のようだとか、五つだけ本校の図工室裏にも植えてみました。

今年の秋が楽しみです。

第八号（5／28〜6／3）【今週のコラム】〜一流とは〜

米大リーグ。ダルビッシュの活躍に話題が集中している。イチローファンの私は二人の対戦を楽しみにしている。二十一日この二人が初対戦。ダルはメジャー最短の四回でKO。二敗目を喫した。その立役者がイチローだ。四打数二安打二打点。ダルから先制打。追加点をたたき出し、目下ダルとは七打数五安打。打率七割を記録、いわゆるカモにしている。許してはならぬ敵には隙を与えない。またそうしながらライバルをも成長させるイチローが大好きである。

ダルはベンチへ下がるときに指揮官へ謝ったという。そのときのワシントン監督の言葉がまた流石、メジャー級。「野球ではこういう時もある。もう絶対に謝るな」とダルを励ました。

私も言われたい。「自信を持て、確信のあることには絶対謝るな」と。しかし、この三年間で人生の謝る絶対量の九割以上を使ってしまった。「皆さん申し訳ありません」。

第九号（6／4～6／10）【今週のコラム】～五十肩～

人生でこれほど自分に両腕があると感じたことはありませんでした。大型連休頃より、両肩が痛く、連休明けにはついに両腕が上がらなくなり、寝返りもうてない。風呂、靴下、洗顔……日常生活動作がままならない。運転なんかもってのほか。意を決して整形外科へ。痛み止めの注射を両肩に打たれ、レントゲン撮影にＣＴ撮影。告知は「肩関節周囲炎。いわゆる五十肩」との宣告。リハビリ、運動のメニューを言い渡されました。その後、両肩をかばい、腰や股関節、太ももが筋肉痛で、微熱まで出る始末。痛さで夜中に何度も起き寝不足にストレス、朝起き上がるまで三十分。近年にない絶不調の一ヶ月。この間、我が家に増えた物、……孫の手、お風呂の腰掛け、靴べら、それと……朝、靴下・上着を着せてくれるちょっとの愛情……。

五十代の皆さん、お気を付けください。闘いはまだまだ続いています……。

第十号（6／11～6／17）【今週のコラム】～自分の〝旗〟を立てる～

今年も「トライやるウイーク」が終わった。事後に毎年同じアンケートを記入する。その一つ「このトライやるウィークで中学生は変わりましたか？」はどう応えればよいかいつも悩む。そして「変わりました。」とだけ記入する。初体験に変わらないはずはないと思うのに……。この事業の係、担当はもっと自信を持つべきだと思う。

「トライやるウイーク」の最初は旗《のぼり》を立てることから始まる。紐のくくり方なんてへたくそでもいい。いつも「自分の旗は自分で立てること」と中学生にいう。それは自分で考えその行動に責任を持つ決意を表す。

これから人生で何かやり始めるとき、自分で心に旗を立ててほしいと、もう何十人かの中学生に伝えた。旗を立てることは自身の決意と責任の印でもある。はたして覚えていてくれているだろうか。私はといえば……依然、体調今ひとつ。自分の旗が……揺らいでいます。

第十一号（6／18～6／24）【今週のコラム】～家も人のように歳をとる～

「住人いなくなれば家すぐに傷む」、と言われる。五月の連休に帰省した実家で、雨漏りの跡を発見。ショックでした。雨漏りなんて何十年ぶりか……。屋根に上がってみる。今年は豪雪と春の強風で屋根のかわらも何枚か割れ、浮いていた。

田舎の家は両親が亡くなり一年が経つが、入退院を繰り返していたので、ここ三年は空き家同然。実家は大工の祖父が建てたもの。築七、八十年にはなるだろうか。大黒柱が二本ある家も珍しいとのこと。屋根の張りは曲がったヒノキを使用している。

かつてどんなに雪が降ろうと、風が吹こうと大丈夫と思っていたのに……、家も人のように歳をとる。毎日住んでいれば異変に気づき、少しづつケアもできるが、一ヶ月に一度帰る程度の仮の住人には家の悲鳴はわからない。田畑は作る人も無く、家の周りの雑草も気を抜けば伸び放題。将来を考えると暗くなる。

大学時代からの友人にこのことを話す。ポジティブ思考の友人は「空気も水も魚もおいしい、温泉も近くにあり、田畑もある、リタイアの生活にはぴったり。お前が住まないなら俺にくれ」、という。そう言われたら意地でも渡したくなくなった。

梅雨、雨漏りの下に置いた洗面器にはどれくらい水が溜まっているだろうか……。

第十二号（6／25〜7／1）【今週のコラム】〜「こんな会社やめてやる！」〜

先週の土曜日、夕方、車で連れ合いを清荒神駅まで迎えに行った。いつものロータリーに車を停める。雨が激しくなったので、乗車したまま電車を待った。K高、H中の生徒が行き交う、とその中に青地に白い文字で「こんな会社やめてやる！」と背中にプリントされたTシャツを着た中、高生風の男子が足早に踏み切りを渡る。妙に浮いているが颯爽と風を切り、そのプリントがやけに目立つ。その男子学生の行方が気になった、と正面の建物に消えていった。「進学塾○○」の看板。

今年度の大学生の内定率は五月一日現在三十パーセント。一昨年度、氷河期と言われた年から少しずつ持ち直しているが、ギリシャ経済破綻の影響が百年ぶりの世界恐慌を……とのニュースも聞く。故植木等の「サラリーマンは〜〜♪」の「ドント節」、故森繁久彌の「社長漫遊記」、最近は浜田雅功の「明日があるさ」。サラリーマンの歴史も深い。「こんな会社辞めてやる！」と上司に辞表をたたきつける時代は終わったのでしょうか……。今はしたたかに我慢し、ジッとチャンスを待つ。

第十三号（7／2〜7／8）【今週のコラム】〜老いの記念日〜

最近、職員室の後ろの方から「教頭さんのコラムは最近自虐ネタが多くなった」という声が聞こえる。そういえば体調不良になり、自分のことばかりに目が向き始めている。中し訳ない。では、これが最後の自虐ネタ。

ジーパン、ジーンズを履き始めて三十年以上。体重体型の変動もあり出したり、直したり数本のジーパンを履きつぶしてきた。時にはジャケットを着て、少し正装っぽく。少々穴が空いても若いころは気にしなかったが、最近は気になり始める。リーズナブルで長持ちし、コーディネイト次第でどこでも、何でもいける。

しかし、気がつけば、最近ジーパンを履かなくなった。久々に履いてみる。ジーパンを履くには結構力が要る。履いて歩く、活動するにはかなりエネルギーを要する。つまり、ジーパンを履くのがしんどくなったようだ。スラックスにYシャツが楽でいい。そう思うのも……。

二〇一二年六月十七日、もうジーパンはタンスの奥にしまった。ジーパンを脱いだこの日は私の「老いの記念日」。

第十四号（7／9〜7／15）【今週のコラム】〜平和世界〜

タクシードライバーとお客のトラブル、強盗事件の特集が某テレビ局で放映されていた。「行き先」に関するトラブルや「つり銭」に関するトラブル、凶悪な強盗は例外として、お客が凶暴化（モンスター化）するキーワードがあるという。「D言葉」「だって・だから・でも・ですから」は禁句であるという。上から目線でお酒の入ったお客には特に怒りを招くという。「すいません・しつれいしました・さようですね・そうですね」など「S言葉」を使用するように指導されるという。実体験から言うと、なるほどと思う。

言葉は使うほど難しい。声にならない言葉でも充分通じることもある。目は口ほどにものを言う、とも言われる。大きい声が通じるかと言えばそうとは言えない、場に応じた声の大きさが必要だ。でも、聞きたくない言葉もあるし、言いたくないときもある。要はハート。相手の心の奥のまた奥の襞《ひだ》にまで届くような細やかな優しさと繊細さ、誠実さがあれば……世界はそう、もっと平和だったはず。

第十五号（7／16〜7／22）【今週のコラム】〜梅雨の晴れ間〜

傘は雨と陽射しを遮るだけのものではない。

図工専科のS教諭に同乗させてもらい出張に。ちょうど雨に降られ職員玄関から傘を借りた。一年生を迎える会で使用したカラフルな傘。私が登校指導に時々使用している。「め」

と「と」の文字が書かれ、ド派手な色でやけに目立つ。「梅田ではさせないなぁ」と二人で言いながら、個人懇談にやってくる保護者が傘に気づき、笑いながら挨拶をしてくれる。そこへ四年生らしき二人組。傘を見つけて、「『め』や！」「こっちは『と』や！」と近づき、四人の会話が弾む。分かれた後「教頭先生よかったなぁ、たかが傘二本で幸せな二分間が過ごせるとは……」とS教諭。

彼女たちと別れて、二人で感慨にふけっていると突然、下の方から、「さよ〜なら〜！」とあの二人の大きな澄んだ声。思わず年甲斐も無く応えて、おっさん二人の太い声が松尾神社の森に響く。下で子どもたちの笑い声が聞こえる。二人見合わせニヤッと笑う。すかさずS教諭が言う。「今週の『コラム』のネタができましたなぁ」と。

二本の傘のおかげで、心に爽やかな〝梅雨の晴れ間〟が見えました。

第十六号（9／2〜9／9）【今週のコラム】〜やはり「本物の鉄人」〜

この夏休みは日本勢、いや世界のアスリートの活躍で寝不足になり、死ぬかと思った。もし、夏休み中でなければ「今週のコラム」のネタは事欠かないでいた、というより本物に勝るものはなく、たかが一教頭が書くまでもなくその感動は余すところなくメディアが伝えてくれる。しかし、気になったことは是非このコラムで伝えたいと思う。第一弾は「本物の鉄人」で伝えた室伏・アレキサンダー・広治（本名）。三十七歳での銅メダル。身体科学で自分の体を知り、鍛え上げるというより、今の身体能力を最大限に生かす、トレーニングで試合に臨む。四年間の〝道程〟。彼がまた、試合後のアナウンサーの「この四年間本当に苦しい中での銅メダルですね」との問いに「自分の可能性を探ることは楽しいことです」とあっさり応える。さすが、「本物の鉄人」です。次回、ブラジル五輪には〝室伏四十一歳の可能性〟をこの目で是非見てみたい。

第十七号（9／10〜9／16）【今週のコラム】〜「ブレード・ランナー」〜

ロンドン五輪第二弾は学校長も称えた陸上競技「義足のランナー」南アフリカ共和国、オスカー・ピストリウス。義足が特別の推進力を与えるとのことで出場資格に物議をもたらした。

四百メートルの準決勝で彼は敗退する。千六百メートルリレーは決勝に残り、南アフリカ共和国のアンカーとして第三走者から八番手でバトンを受け取る。そして八位でゴールを切った。その後のテレビ放送で知ることになるが、彼を子どもの頃から支えてきた母親の言葉に感銘を受けた。

「敗者とは一番最後にゴールする人ではなく、物事をはじめる前からあきらめている人のことだ」。

ピストリウスは決勝の最終ランナーでゴールをしたが、彼は間違いなく、敗者ではない。しかし勝者への挑戦はこれからも続く。「障害によって不可能ではなく、持っている能力によって可能である」が彼のモットー。

来週は世界で最も美しい泳ぎ、入江陵介です。


第十八号（9／17〜9／23）【今週のコラム】〜個人スポーツのチームワーク〜

第二弾のコラムを巡り、職員室で話題になる。「ピストリウス選手はパラリンオリンピックに出ないの？」との質問。ロンドンパラリンピックは百メートル、二百メートル、四百メートル、四×四百メートルリレーに出場している。二百メートルでは銀メダル。後の種目も連覇がかかっている。彼にとっては健常者と走ることは問題ではないのかも。挑戦ではなく、自分の可能性を確かめる場所をもとめている。（※結果百メートル四位、四百メートル一位、四百メートルR一位）

第三弾は水泳日本。金メダルに一番近いといわれた入江陵介。百メートル背泳ぎ銅メダル、二百メートル背泳ぎでは銀メダル。その後のインタビューで「今回のオリンピックはすばらしい成績で終わりましたね」の質問に「個人メドレーリレー自由形の選手がゴールするまで水泳日本チーム二十七人のリレーはまだ終わりません」と。競技終了後のインタビューとは思えない。四年前のソウル五輪からすべて成長した入江選手を見た。そして見事にアメリカに続きオーストラリアを制して銀メダルに輝いた。またリレーメンバーが「康介さんを手ぶらで帰すわけにはいかない」と奮起する姿は個人競技とはいえ、チーム力、組織力の力を感じました。

第十九号（9／24〜9／30）【今週のコラム】〜「考えは言葉の質と量で決まる」〜

読書があまり得意ではない私はこの夏休みに三冊の本を読もうと決めた。その一冊が『超訳　ニーチェの言葉』（白取春彦編訳／ディスカヴァー・トゥエンティワン／二〇一〇）分厚いがそれほど時間はかからない。傍において何度も繰り返し、確かめ、噛み締めて読んでみたい一冊、と言えば聞こえは良いが、〝こころ〟に余裕が無い時には読めそうもない代物。

しかし、その中で一番気に入っているのが「考えは言葉の質と量で決まる」。その通りではあるがどのようにすれば質も量も高められるのか。改めて言葉の大切さを噛み締めた。〝言葉〟により救われることもあれば、ひとつ間違えば〝凶器〟にもなる。

この夏季休業中に発表された今年度の学力状況調査の結果が、おそらくこの秋は物議を醸すことになる。兵庫県では小六理科、中三国語の「応用」が平均を下回ったという。「問題文をどのように読み解答へつなげるか」、また「ことばの力」の育成、読書の必要性がさらに叫ばれそうである。

第二十号（10／1〜10／7）【今週のコラム】〜白い彼岸花　第二弾〜

春にコラムで紹介した「白い彼岸花」の続き。九月二十二日、お彼岸の朝に嫁さんが「お父さん、庭に白い花が咲いている」と言う。五月の始めに、小浜の理髪店「にしき」のご主人からいただいた球根を庭先に植えたのをすっかりと忘れていた。「本当に彼岸に合わせて咲くんやなぁ」と雑草の中でひときわ白く背が高い花に見入っていた。球根は確か、五個植えたはず……、嫁さん曰く「雑草と思って、抜いたかも……」とのこと。まさか……学校の球根は、と確認しましたが……。このまま置いておくとまた地中で増えるとのこと。ちょうど一週間咲いて茎だけを残して散りました。

～日本ミツバチ～

お彼岸に墓参りに帰れないので前週に帰省。七月下旬頃より、墓石の隙間から松尾神社でもお騒がせの日本ミツバチが巣を作り、今が最盛期。近づいても刺さない、進路をさえぎると時々頭にぶつかるが蜂のほうから避けてくれる。線香を焚いても動じない、羽音は進入する外敵への警告音。確かに気持ちよいものではない。落ち着いてお墓参りをとまではいかないが、彼岸の行事は無事終えることができた。と地面に一匹のスズメバチの死骸。進入しようとしてミツバチに襲われたのだろう。真の敵と敵でないモノをちゃんと区別している。人間より遥かに〝賢い〟生き物だ。

第二十一号（10／8～10／14）【今週のコラム】～同室、同病の隣人～

長い間お休みして大変申し訳ありませんでした。術後もすぐに普段どおりと思いましたが、三週間の禁酒、刺激物、運動の制限と……特に禁酒は……死にそうです。ご心配をおかけしましたm(_ _)m

同室に同じ日に同じ病気で入院していた老人（失礼）。七十歳台半ばかなぁと思いながら術前に同じように大腸の洗浄。二リットルの洗浄液を飲みながらトイレに通う。同じ苦痛を味わう仲間。必然的に会話が始まる。お歳を聞きびっくり。死んだ親父と同じ八十二歳だ。正直全く元気で足腰もしっかりしている。聞くところまだ現役。交互にトイレに行きその成果を自慢しあう。またポリープの大きさも話題に。歳は負けたが、ポリープの大きさは勝ってしまう。手術は私が先で、その後この方。私は終わってからはすぐに目が覚めたが、隣人はなかなか目が覚めない。

夕方近く目覚めて、ようやく会話が始まる。「しんどかった」と辛そうであった。翌日から二人とも元気で、食事以外は病人とは思えなかった。一緒にお風呂に入り、「結局親父の背中を流せなかったので……」と、広い背中を流させてもらう。もっぱら話題は我が田舎の空き家の活用方法。隣人は「民宿にしたらどうか」地産の野菜、米、魚、酒を売りにして、と具体的な提案を。結局、提案は最後の退院時まで続いた。退職後の私の仕事は隣人により〝古家民宿のオーナー〟と決められました。隣人のおかげで退屈しないで済みました。最後まで一緒に病室を後にしたが、ジーンズにベストがよく似合う白髪の〝老人〟。こんなかっこいい老人になりたいと思いました。

次回は我が家の新しい家族を紹介します。これが大変な家族で……。

第二十二号（10／15〜10／21）【今週のコラム】〜ジャック〜

運動会明け、娘の引越し、替わりに我が家へ「ジャック」がやってきた。ミニチュア・シュナウザーの成犬。これでミニ？　室内犬らしいが、結構大きい。吠えることはないが、神経質で人がいなくなると、ピーピーと泣く？　早速カーペットの上と人の足の上でおしっこを失敗する。怒られると思ってか妙に愛想をふる。やってきた日、飼い主もいるのに気がつけば私の布団に入り寝ている。気に入られたのかと、安心するが、どうも同類（同等）と思われているようだ。トイレに行くとついてきてドアの外で待っている。外出して帰ると、飛びついて尻尾をふり、初めて「ワン！」と。散歩に連れて行くとものすごい力で引っ張られ、汗だくになる。彼もハーハー言っている。散歩というより、格闘技。

どのように付き合えばいいのか、インターネットに聞いてみる。某ネットサイトを見ると、三つの躾として①犬に前を歩かせない。②抱くときは後ろから胸と顔を固定する。③吠え癖をつけない、とある。その癖が将来大変なことになると不安を募らせる。ではどうすればいいのかとクリックを続けるが、その方法はというと「ＤＶＤをご覧ください」と値段がなく購入サイトへ。怪しいサイト、ということは先の三つの躾も怪しいのか？　何でも初は不安であるが、愛情と躾のコツさえわかればうまく共存できそうなのだが……。このシュナウザーの報告は今後も続きそうです。

※　ジャック　平成二十九年一月永眠（合掌）

第二十三号（10／22〜10／28）【今週のコラム】〜怪我ならぬ病の功名〜

大腸ポリープのせいで、皆さんには大変ご迷惑をおかけすることになりましたが、しばらく〝夏休み〟をいただきました。長女の旦那が見舞いにと、クロスワードクイズ懸賞の本を持参してくれた。「時間つぶしに、それと余計な事を考えないので結構いいですよ」と。クロスワード……めんどくさいなぁ、考えるのも疲れる、と思いながらもせっかくの娘婿の思い、夜長のお伴にとやり始めた。疲れると思いきや、そうでもない。意外に結構はまってしまった。何も考えないのが疲れない、休まるのではないことに気がついた。全く違うことを、単純に考えることもストレス解消、頭の休憩になるようです。癖になりそうです。これで懸賞でもあたってしまえば……。

また、ゆっくりと新聞にテレビ、雑誌にインターネットと浸ることができた。改めて世の中にはまだまだ知らないことが山ほどあることに気がつく。人一人が一生で得ることのできる知識や知恵は全ての知識のどれくらいの割合になるのだろうか。そう考えると人生八十年は短いのか、はたまた長いのか。

二十歳から吸っていたタバコを止めたのは今から十二年前。夏休みに入り気が緩み暴飲暴食の結果、急性肝炎で夏休み中床に伏す。食欲もなくタバコなんて吸う気分ではなく、何の苦労もなく禁煙に成功した。その後マニュアルどおり半年、三年、五年とタバコが恋しくなるが、ちょっと我慢すればいい。もともとがおそらく好煙家の素質がなかったのではと。「なぜ止められたか？」好煙家の友人からよく聞かれるが「喫煙の意志が弱かっただけ、〝吸いたい〟という意志が〝吸いたくない〟意志に負けただけ」とかわしている。禁煙するならほどほどの病気をすることか……。

しかし禁酒はこうはいかない。酒は病気をしてもいらなくはならない。風邪で熱があっても、ウイスキーのロックは寝酒に欠かしたことはない。三週間の禁酒は果たしてできるのだろうか。全く自信はないが。つきなみ「がんばるしかない」。あと一週間！　この頃、酒の夢をよくみます……。

第二十四号（10／29～11／4）【今週のコラム】～教育の責任～

本校も図工展への準備や作品の制作に毎日が忙しくなりつつある。ご苦労様です。さて、秋も深まりを感じ、「芸術の秋」らしくなりました。

療養中に観た某テレビ番組。「おしゃれにアートに秋の旅」。一応、共同研図工部の教頭としては「アート」「芸術」等の情報が目の前に現れれば気になる。栃木県益子町の「ワグナー・ナンドール　アートギャラリー」に「哲学の庭」（中野区）に展示予定の彫刻が仮展示されている。この作品を紹介してくれた彫刻家の言葉に深く感動した。「私たちは千年先の責任を負っている」と。

鋳物で制作されたアートは千年後もその形、姿を変えないでその場にたたずむことになる。周りの風景や見る人も刻々と変わる。そのことを想像しながら制作する。その中で作品のもつ芸術性、作者のメッセージを維持し続けることを「千年の責任」と例えたのでしょう。流石、芸術は奥が深く、そこまで考えるのか、と感心する。

次にフッと頭をよぎる。では、教育はいったい何年の責任を負えばいいのか。目の前の子どもたちの教育活動に日々を費やしているように見えて、我々の仕事は人類の未来、いや地球の未来を支える人づくり。教育とアートを対峙させるつもりなど毛頭ないが、「アートが千年」なら、「教育は万年」いや「億年」でしょうか。

第二十五号（11／5～11／11）【今週のコラム】～戒名～

人は人生で？二度名前を付けられる。生後すぐにおそらく親から、そして二回目は死んですぐに（例外は出家の際）仏教では戒名を、神教なら霊号を。

先日、本家の叔母がなくなり、葬儀に帰省した。火葬だが自宅から村の中央付近まで葬連が続く。「ごんぎつね」の世界。道端には赤い彼岸花。雲一つない高い真っ青な秋空。悲しみとは対称的だがどこか似合う。火葬の間、お寺さん参りを行い、住職の説法を聴く。

天台宗の場合は「院号」「道号」「戒名」「位号」からなる全てを称して戒名と呼んでいるが、基本的に「戒名」は二字で表現される。身分の上下や精進、報恩の多少に関係なく、仏の世界が平等であることを表している、という。「道号」は言いかえればあだなのようなもの、「戒名」はその一字を生前の名前からとることが多い。自分で「戒名」をつけることができるか聞いてみた。戒名には細かな決まりや作法があり、それだけで一冊の本になっている、とのこと。また、戒名を授けることは仏門の儀式にあたる、どうしてもつけてほしい戒名があるときは相談してほしい、とのこと。

結局、人生の二度とも自分の名前は他人に付けられる、いや付けてもらう。それだけ人、一人の人生は尊い。

第二十六号（11／12〜11／18）【今週のコラム】〜「ママ友会」禁止令〜

都内の公立小学校の入学式で「私的な交流会、メルアド交換、連絡網の禁止」の内容文書が配布されたという。この学校では特定交友保護者の保護者間トラブルから、受験に合格した進学予定先中学校へその保護者になりすまし、入学を辞退する旨の連絡をする、という事件が起こり、このような文書配布となったという。果たして最良の方法なのかと苦慮する。「保護者間のトラブルに対応する人的配置を有していない」との学校長の弁はそう言えばそうだが、では保護者は誰に相談すればいいのか。故大滝秀治さん扮するようなお寺の住職もいない、民生委員も親しくはない、くわえて近所との関わりがなかなかもてない。

学校外のましてや子どものトラブルではない、保護者同士のトラブル。子どもに学校と家庭の分け隔てはない。学校だけの姿を見ていてはもちろん教育はできない。成育環境が学校教育へ与える影響は大きい。また低学年ほど子どもへの保護者の影響力は大きくなる。

ここは保護者のコミュニケーションの醸成不足と腹をくくって学校が全部面倒を見るしかないのだろうか……。

第二十七号（11／19～11／25）【今週のコラム】～主役と脇役～

池田市にある某車のコマーシャル「日本のどこかで～故郷編」。病に倒れた製醤業の頑固そうな親父。それを聞き長男夫婦がフェリーで小さな島に帰省する。「都会でぶらぶらしとったお前にできるんか」とだけ言う父親。自然が豊富だが交通の便は悪い。親父の後を継ぐ決意した長男夫婦は病院からの帰りに「エコカーが必要か」「高いわよ」と。

その後、従業員と醤油つくりに取り組む。そして、やっと自前の醤油が出来上がる。「できたんやて」友人が激励に訪れる。そこにはできたての醤油を白い新しい車で病院の親父へ届けようとする長男の姿が。「ああ親父にもってくわ」と。

ベットの上でその醤油を味見して、安堵の表情で「ウン」とだけ言う親父。病院からの帰り運転席で「今まで思わんかったけど、いい景色だなぁ」という長男。白い車は島の海岸線を走っていく。どこかにある日本の故郷、その人生と情景。

最近のＣＭはストーリー性が重視され、商品そのもののアピールより情感に触れるようなCM作りに感心する。これが醤油のCM？一見何のCMかわからない。車が物だけではなく人の心を運ぶ、環境に優しいというメッセージが伝わるが、車は脇役程度にちょっとだけ出てくる。商品を連呼するCMとは確実に一線を引く。

主役と脇役、見た目だけでは判断できないことが多いのはどうもCMだけではなさそうです。

第二十八号（11／26〜12／2）【今週のコラム】〜ファイト〜

「カロリーメイト」のCMの中で、満島ひかりが中島みゆきの「ファイト！」を熱唱している。一瞬本人かな？と思うくらいの歌唱力にぐっと惹かれた。

あれは、教師になり一年目。ちょうど就職して初めての給料で〝セパレーツ・ステレオ〟を購入。まだレンタルショップなどない時代。当時、初任給十万の時代、アルバムは一枚二千五百円。同じ年度の三月に発売された「予感」のアルバムに収められた曲である。

当時はSNSなどなく、もちろん携帯も。若者のネットワークは深夜放送のディスクジョッキーを通じて行われた。「あたし中卒やからね、仕事をもらわれへんのやと書いた女の子の手紙」で始まる中島みゆきの「ファイト！」はもとになる手紙があったらしいと、噂が流れる。実際には「中島みゆきのオールナイトニッポン」（ニッポン放送／一九七九年〜一九八七年）へ送られてきた手紙を元に歌詞が作られた。この曲を多くの歌手が歌っている。吉田拓郎、槇原敬之、福山雅治……そして三十年ぶりに。時代が変わっていないのか、繰り返されるのか……、それにしても二番、最後の歌詞はとても強烈に堪えます。

♪♪　私、本当は目撃したんです　昨日　電車の駅、階段で
　ころがり落ちた子供と　つきとばした女の　うす笑い
私、驚いてしまって　助けもせず叫びもしなかった
　ただ恐くて逃げました　私の敵は　私です　♪♪

第二十九号（12／3〜12／9）【今週のコラム】〜老いの意識〜

退院後、主治医の末岡先生に退院の報告と人間ドックの結果の相談に行った。その時に近畿中央病院では聞けなかったポリープの原因について話を聞いた。末岡先生によると原因の第一が食生活、第二がストレス、第三が体質だそうです。ポリープの成長にも原因が関係している。半年に一回くらいの検診が必要とのこと。しかし、胃のポリープは大腸とは違い、ストレスや過労等による胃酸の増加や過度の飲酒によりできた、小さな潰瘍の修

復の際にできる傷がいぼ状になるらしい。いずれにしても精検は内視鏡によるしかない。「胃が痛い」とはいうが「腸が痛い」とは言わない。自覚症状が出てからでは遅い。胃のポリープが癌化することはごくまれだが、大腸ポリープの癌化はとなると確立は高くなる。本当に発見されてよかった。

また校医の長藤先生は五十歳を越えたら、男性は前立腺癌の検査を受けるように再三言う。今年始めて検査を受ける。血液検査でわかる唯一の癌とのこと。脳ドックも進められたが、検査のために生きているのか、生きるために検査をしているのか、自分の子どもができたときはそれほど感じなかったが、孫ができ家族が増えると、そうは簡単に死ねない。それは老いを意識し始めたからだろうか。

皆さんにも自分のためだけではない、家族のために、大切な人のためにも是非体を大切にしてほしい。

第三十号（12／10～12／16）【今週のコラム】～バンザイ～

政治への意見は「教頭通信」では控えてきました。しかし、あえて一言。衆議院が解散し、選挙戦がスタート、十六日には総選挙が行われます。

衆議院議長が本会議において「日本国憲法第七条により衆議院を解散する」という解散詔書を読み上げ解散、これにより蜂の巣をつついたように喧騒となった政界。「第三極」が鍵を握るが、一番冷静なのはたぶん国民であることに少しだけホッとする。

幼少の頃から疑問に思っていることがいくつかある。「宇宙の果てはどうなっているのか」「大人になるとなぜおやつ（お菓子）を食べなくなるのか」そして「衆議院が解散するとなぜバンザイと言うのか」……。

解散=失脚でなぜ万歳なのか、不思議でならなかったが、周りの大人はその疑問には明解に答えてくれなかった。その後自分で調べることになる。いくつかの意味合いがあることを知る。

「万歳！」とは中国の皇帝を称える言葉、「明治憲法下、(解散の詔書を包む）紫の袱紗（ふくさ）に象徴される天皇に万歳というのが始まり」という説が起源のようだ。

今においてはただの慣習。敢えて理屈を付けるのであれば、総選挙への「出陣式の万歳」といったことだそうで、これをやることで国会に戻れるジンクスなんだとか。果たして何人の議員が何のために戻ってくるのか。そんなことより、しっかりと心の襟を正す意味で、今本当に何をすべきなのか深く考え、黙想でもやってほしい。

第三十一号（12／17～12／23）【今週のコラム】～戦国武将「成田長親」～

生後八ヶ月の孫にクリスマスプレゼントを買おうと梅田の「ホビーランド」へ。まだ三度しか会っていない孫へのプレゼント。色々目移りするが、〝安全はじめてのやわらか知育積木〟のタイトルに惹かれた。「安全」、「はじめて」、「やわらかい」、に「知育」とくれば鬼に金棒。自信をもって埼玉まで向かう。しかし、孫の琉吾《りゅうご》が気に入ったのは包み紙にリボン。丸いボタンにタッパが大好きとのこと。自分の子供が小さい頃は好みをわかって与えることができたが……孫は難しい。ましてや離れているとなおさらのこと。

次の日、久しぶりに長男と二人で映画と食事に出かけた。前日に検討し『のぼうの城』東宝（二〇一二）に決める。私が観たかった映画だが、長男が先に観たいと言う。なんと長男はこの映画を観るのが三回目になるらしい。どこがそれほど気に入ったのか……後で聞くことに。

二万の兵に五百の兵が立ち向かう。その奇策と何より〝成田長親〟の人柄が大好きだという。天下を取るには人が良すぎるが現代のリーダーには欠けているものをすべて兼ね備えている。何をするにも不器用だが、何事にも動じず、重大な危機であるほど、奇才を発揮し、それでいて弱い者に優しく、強い者には厳しい。何より人を裏切らず、人の心を一瞬で虜にする魅力が芯からにじみ出ている。

似たもの親子、この映画が一発で気に入ってしまった。早速、単行本を注文した。

第三十二号（12／24〜12／30）【今週のコラム】〜験を担ぐ（げんをかつぐ）〜

役者、俳優、アスリートはよく「験を担ぐ」と言われる。イチローは必ず右足からグランドへ、私は役者ではないが、靴下を必ず右足からはく。普段と同じことを続けることで気持ちが安定する。変わったことは敢えて……。

さて、もうすぐ新しい年を迎えるが、この歳になっても年越しは良いことが待っている確証はないのですが、胸が高鳴り、エネルギーが漲《みなぎ》るように感じる。

私が新年を迎えるときに必ず行うことがある。久々の再会時、大学時代からの親友が別れ際に「最後に良いことをそっと教える」と、「新年を迎える瞬間に縁側の戸を数センチ、数秒間開ける。福の神を迎えるために、亡くなった祖母が私に遺したおまじない。だまされたと思って……」と。それ以来、年越しには縁側のない自宅マンションのリビングの窓を少し開ける。そして「よう来てくださいました」とそっと語りかけます。

今年のコラムも最終回となりました。毎回の愚文、読んでいただきありがとうございました。

月並みですが、どうか皆様よいお年をお迎えください。

第三十三号（1／14～1／20）【今週のコラム】～成年式と成人式～

一月十四日は成人の日、全国各地で成人式が行われました。私事ですが末っ子もやっと成人。着物の予約、前撮りなど半年以上も前から嫁さんとゴソゴソしていた。今は半年では遅く、一年以上も前から和服、着付けの予約で大変だとか……。名古屋では三人姉妹を持てば家がつぶれると言われ、派手なところもあるが、お祝いの質が掛けるお金で決められるのであれば、世の中とても淋しいモノになる。

成人式はご存じ男子の「元服・褌祝《ふんどしいわい》」、女子の「裳着《もぎ》・結髪《けっぱつ》」に由来するが、現在のような成人式が始まったのは戦後間もないという。「一九四六年十一月二十二日、埼玉県北足立郡蕨町（現・蕨市《わらび》）において実施された『青年祭』がルーツとなっている。敗戦により虚脱の状態にあった当時、次代を担う青年たちに明るい希望を持たせ励ますため、当時の埼玉県蕨町青年団長高橋庄次郎が主唱者となり青年祭を企画、会場となった蕨第一国民学校（現・蕨市立蕨北小学校）の校庭にテントを張り、青年祭のプログラムとして行われた。この『成年式』が全国に広まり現在の成人式となった。」（引用参考・ウィキペディア）蕨市では現在も「成年式」と呼ばれている。

近年は新成人のマナーの悪さ、出席率の低下がマスコミに取り上げられ、廃止の検討をする自治体も出る始末。しかし、呉服業界にとって最大の稼ぎ時と見られているため、暴れる新成人に困ってはいるが、子どもの成人の記念に着物を着せたいという親からの要望や呉服業界からの要請もあって成人式を続けている自治体も多いという。成人式の艶やかな着物の下には様々な親の思いがある。楽して我が子に振り袖を羽織れる家庭ばかりではない。身銭を切り、借金をしてでも我が子に……と思う気持ちと呉服業界の思惑を両天秤に平気で掛けられる日本社会の不合理と不条理を成人式にもみる思いがする。

第三十四号（1／21～1／27）【今週のコラム】～メッセージと手紙～

今年一月四日に論壇サイト『ブロゴス』に掲載された記事、「13歳の息子へ、新しい『iPhone』と使用契約書です。愛を込めて。母より」が話題になっている。一月十三日の「サンデーモーニング『風をよむ』」(MBSテレビ)でも取り上げられた。

「スマホ親子契約書」と称する十八項目からなる契約書はクリスマスの日に米国マサチューセッツ州のあるブロガーの母親が十三歳の息子にクリスマスプレゼントとしてあげた「iPhone」の箱に一緒に入れられていたもの。それを見たHana.bi氏が「あまりにも素晴らしい」と称賛し、和訳を同サイトで紹介したことで、称賛する意見が寄せられ注目を集めている。一方、ツイッターでは「押し付けがましい」「親のエゴを感じる」等の否定的な意見も書き込まれているが、他人の親子関係に勝手に口を挟む事ではない。

確かに契約書にはスマートフォンを持つ際のルールを記しているが、それが単なるルールではなく親から子への人生へのメッセージになっている。どのような人に成長してほしいのか、親の願いがそのまま記されている。いずれ反抗期を迎えるであろう我が子へ本当に送りたかったのは〝スマートフォン〟ではなく実は〝メッセージ〟だったのではないでしょうか。

面と向かってはなかなか話せないことを、何かの機会に手紙にしてみるのもいいかも……。

第三十五号（1／28～2／3）【今週のコラム】～永遠のヒーロー去る～

先週の土曜日、悲しい知らせが飛び込んだ。三十二度の幕内優勝を果たし、一時代を築いた元横綱大鵬の納谷幸喜《なやこうき》さんが逝去された。七十二歳だった。六十年初場所で新入幕を果たし、三度目の優勝を経て六十一年秋場所後、当時では史上最も若い二十一歳三カ月（現在は北の湖の二十一歳二カ月に次ぐ歴代二位）で横綱に昇進。ライバルの横綱柏戸と名勝負を繰り広げ、「柏鵬時代」を築き、六十八年秋場所からは四十五連勝を記録。「巨人・大鵬・卵焼き」の流行語を生み、高度経済成長期の相撲人気を支えた。

当時、照来《てらぎ》村立役場で行なわれた就学時健康診断の面談で「好きな食べ物は？」と診療所の先生に聞かれ「卵焼き」と答えたのは今も覚えている。

NHKと山陰放送しか映らない本家の白黒テレビで見た大鵬と力道山は絶対に死なないと思った。その力道山は六十三年に暴君に襲われ死亡。小学生に満たなかったが鮮明に記憶にある。そして五十年後大鵬が……。

現代の子どもたちのヒーローはテレビの特撮モノ。鉄腕アトムから始まりウルトラマンから仮面ライダー、今はワンピース？　しかし、スポーツ選手にあこがれる子どもも私も含め多かった。今の子どもたちもきっとあこがれるスポーツ選手がいて、その生き方や姿勢を学び、技術もさることながら人としてのあり方も学んでいくはず。たかがスポーツ、されどスポーツ。高校時代二年からバレー部の主将を任され、先輩との関係に悩んだことは今でも大きな財産。クラブ活動は指導者、大人が考えているほど単純ではない。大阪での「体罰問題」も子どもたちのせいではない、指導者の側の全面的な過失である。募集停止措置とは何を血迷ったか。

第三十六号（2／4～2／10）【今週のコラム】～敵に塩を送る～

今週の日曜日、別大マラソンで「最速市民ランナー」川口選手が大会新記録で優勝し、世界選手権をほぼ手中に。先週の日曜日の二〇一三年モスクワ世界選手権代表選考会大阪国際女子マラソン。三井住友海上の渋井陽子とワコールの福士加代子が初対決。長居陸上競技場をスタートに今年は大阪城内のアップダウンがなくなり高速コースとなった難波路を舞台に開催された。三十キロメートル手前でスパートした福士加代子が残り一キロメートルでガメラシュミルコ選手に逆転され二位となった。マラソンは三度目の挑戦。過去二度とも後半で失速し今回は決死のリベンジをかけていた。「ごめん！　抜かれちゃった」「まだまだですね～」と笑顔でゴールした福士選手にほっとした。

一方、八位と今後が気になる渋井だが、スタート後五キロメートルでの最初の給水に失敗した福士に対し、驚いたことに少し下がりながら、福士に声をかける、と自分のボトルを渡す。福士はそのボトルを受け取り補水を行なった。お互い日本の長距離界を代表するランナー。

戦国時代「敵に塩を送る」と言う言葉もあれば「兵糧攻め」と言う言葉もある。多くの子どもたちもこの中継を見ているに違いない。厳しい競争の世界を生き抜いているモノだからこそ為せる行為なのだろうか。

第三十七号（2／11〜2／17）【今週のコラム】〜「図に乗るな」〜

「図に乗る」の語源・由来はというと「図に乗る」の「図」とは、仏教の法会などで僧が唱える『声明（しょうみょう）』の転調のこと。この転調は難しかったため、調子がうまく変えられることを「図に乗る」と言った。そこから、調子に乗ることを言うようになり、「調子に乗る」「つけあがる」という意味に変化した。語源とは逆のマイナスイメージである。「頭に乗る」と表記されることもあるが、意味が変化した後の当て字と考えられている。

（参考・ウィキペディア）

東北、北海道の雪が止まない。観測史上最高を記録するところも出ている。昨年を思い出す。山陰地方は年末から二月中旬まで軒並み一メートルから二メートル近くの積雪を記録。島根県から鳥取県にかけ国道九号線では車が雪に飲み込まれた。実家の屋根の雪下ろしは計四回に及び、おろした雪は二階の軒を越え四月まで消えなかった。その影響で春から初夏にかけては全身のリウマチ性筋肉痛に悩んだ。今年はその状態が東北から北海道へ。地球規模でいえば直線にして数百キロメートル、緯度にして五、六度とわずかに北上しただけ。エルニーニョ現象やラニーニャ現象。日本から遥か太平洋赤道域の日付変更線付近から南米のペルー沿岸にかけての海面水のわずか一度の上昇と気まぐれなジェット気流が冬になり、この現象を日本にもたらすらしい。地球のこの変化は四十五億年の地球の生暦から考えて、きっと人間の汗疹にも及ばない。人類の歴史はというと地球の歴史からいうと皮膚についた埃にも満たない。地球の恒常性は毅然と揺るがないが、その中で人は抗い、悩み、苦しみ生きる。何のためにだろうかと最近ふと思う。そして大きな声で叫びたくなる「おい地球！　図に乗るな！」と。

第三十八号（2／18〜2／24）【今週のコラム】〜〝東洋の魔女〟伝説の名勝負〜

一九六四年アジアで初の東京オリンピック。大松博文監督に率いられた日本女子バレーボールチームは金メダルを獲得する。六十六・八パーセントの視聴率は未だ破られていない。NHKによると、当時は磁気ビデオテープが貴重で上書きして使用していたため同局には試合のハイライト映像しか残っていなかった。昨年の六月、一般の視聴者が試合全体を収めた一時間二十五分の映像を保存していることが判明。ラジオの実況放送を合成し、お正月から再放送も含めて二度NHKBS1で放送された。試合全体を放送するのは東京五輪以来、初めてという。

バレーボールのルールは今といくつか違う。その一つがサイドアウト制十五点先取、サーブ権がなければ得点が入らない。ラリーが続けば時間がかかる。ソビエトとの決勝戦はお互い譲らず、サイドアウトの応酬で序盤は点が入らない接戦。サーブで崩し、リスカルのスパイクを封じ二セット先取の日本は三セット目に入り、ソビエトの反撃に遭うが、最後は相手のオーバーネットで試合終了。日本の金メダルに国中が歓喜した。

ところで日本チームの監督大松博文は当時「ニチボー貝塚（その後ユニチカ、現休部）」女子バレーボール部監督。「鬼の大松」と呼ばれるほどの徹底した「スパルタ式」の過酷なトレーニングは世間を騒がせた。その指導や選手と監督との人間関係を取り上げた書物も出版され、映画にもなった。一方、サッカー日本女子、なでしこジャパンの佐々木則夫監督の指導方法は大松監督とは対極に見える。「俺について来い」というか「選手に任せる」というか、表現は違うにしろ、月並みですが、信頼関係は必須。三セット目の終盤アナウンサーはこう言う「監督の心を選手が知り、選手の心を監督が知る」単純ですが、非常に深く困難な課題です。

先日来、五輪からのレスリングの除外に喧騒となっている。寝耳に水。寝ているから見えなかったのか。日本スポーツ界最大のピンチを迎えた。平和の象徴に暗雲が……。(合掌)

第三十九号（2／25〜3／3）【今週のコラム】〜母性本能〜

新年一月に誕生した長女の第一子が退院後にやってきて、ほぼ一ヶ月。先週自分たちの家に戻って行った。また嫁さんといつもの二人の生活に戻る。帰宅してもシーンとしていて、寂しい思いがここ数日続いた。亡き両親も田舎で同じように感じていたのかと今更気付き、仕方ないと思い決め込む。そして孫の成長を楽しみにと気持ちを切り替え、また日常に戻っていく。

長女と孫がいた時に興味深いことを聞いた。長女が言うには「乳房が痛くなると、尊《たける》（孫の名前）が泣き始める」「病院でも、乳房が痛くなると、看護士さんから授乳のコールがあった」と。母性本能の一つなのだろうか。長女の話に涙が出た。長女たちが帰宅して次の日、早朝に長女から電話があり、胸が痛くて起き上がれないと。嫁さんが付き添い受診。乳腺炎との診断。病院で投薬にマッサージ、なんとキャベツを貼ってもらい帰宅を。キャベツは湿布薬とは違い保冷効果が緩やかに持続し、乳腺炎には効果があるとのこと。滑稽に見えるが古からの知恵。小林の「イズミヤ」でキャベツを買って帰ったという。

人は泣き声を聞かなくても我が子のお腹が空いていることを胸の痛みが教えてくれる。政《まつりごと》を司る人たちは弱者の声なき声に胸が痛くなることはないのだろうか。まだまだ未熟な管理職だが子どもたちや保護者、教職員の心の痛みや心の奥底の襞《ひだ》にも触れるような繊細で誠実な学校運営を目指したい。

第四十号（3／4～3／10）【今週のコラム】～テレマーク～

先日の二〇一三世界ノルディック選手権、先日ワールドカップ総合優勝を最年少で決めている高梨沙羅選手の史上初の最年少優勝に期待がかかったが、宿敵アメリカ合衆国のサラ・ヘンドリクソン選手が優勝。惜しくも銀メダルに終わった。しかし、この大会でのメダルは日本人女子では始めての快挙である。

優勝のサラ選手との点差はわずかに三点。飛型点の差が優勝と二位の差を分けた。彼女はテレマークという着地の姿勢をとることが苦手である。テレマークとは地名に由来しているが、安全な着地と美しさを表す姿勢。それで三点の差がつく。距離にして一・五メートルの差だという。

高梨選手は十六歳。試合後のインタビューで「自分のジャンプに納得しているので、もうすっきりしています」と、もう次の試合への切り替えができている。

五十五を前のおっさんはどうもまだ次への切り替えができていないようです。

そろそろテレマークの練習でもやらないと……。

第四十一号（3／11～3／17）【今週のコラム】～爽やかな話題～

「通路にごみがひとつもなく大変驚きました」「大変きれいにご利用いただき感激した」——。こんな文面の一通の封書が一月下旬、毛呂山《もろやま》町立《ちょうりつ》川角《かわかど》中学校《ちゅうがっこう》に届いた。差出人は、東京駅で新幹線車両の清掃業務を担当する会社の女性社員。同校の二年生が修学旅行で東海道新幹線を利用した際、生徒らの行き届いた清掃に感激した女性からのお礼だった。送付された手紙は便箋二枚。「貴校に利用いただいた車両の清掃を担当した者です」と始まり、車両にごみがなかったことに触れ「貴校の普段の教育ならびに引率教員の方の行き届いた指導を、生徒の皆さまがよく理解され、大変きれいにご利用いただき、感激した」と綴られている。

さらに「おそらく生徒の皆さまが素晴らしい学園生活を送っておられるだろうこと。そして校長先生をはじめ諸先生方の行き届いた学生の皆さんに対する思いを深く感じながら楽しく清掃をさせていただきました。ひと言お礼を申し上げたく、筆を取りました」と、送付理由を記している。

同校の二年生は二泊三日の日程で、京都・奈良に修学旅行し、最終日には清水寺などを見学した後、京都駅から東京駅まで乗車した。生徒らは東京駅で降車する際、用意したごみ袋にごみを入れ、椅子は元に戻すとともに、ヘッドカバーを張り直し、床に落ちたお菓子などのごみを拾った。ごみ袋はまとめて車両の出入り口脇に集めた。修学旅行の実行委員長を務めた生徒は「思い出に残るイベントにするため、マナーを守ることを目標にした。車両のごみは実行委が率先して片付け、周囲の生徒らも協力してくれた。自分たちで実行

したことに感謝され、最高の思い出になった」と話す。（三月二日埼玉新聞より一部抜粋）

新幹線の清掃作業にかかわる人たちはＪＲ東日本グループ会社の鉄道整備株式会社、通称〝テッセイ（TESSEI）〟の社員。東京駅に到着し、出発までは十二分間。その間、約七分で清掃作業を終える。二人で一両を担当する。約八百人いる従業員はほとんどが女性。書籍『新幹線お掃除の天使たち「世界一の現場力」はどう生まれたか？』（遠藤功著／あさ出版／二〇一二）でも紹介され、世界的にもその技術は評価が高い。こと清掃、美化には目が高い人たちだ。その一女性からの感謝の手紙は価値がある。

天邪鬼の私は、では、もしも車内にごみが散乱し、汚れがひどい状態だったら、この女性従業員はどうしたのだろう、と思ってしまった。「貴校の生徒のマナーの悪さにがっかり致しました。どのような教育を行なっておられるのか、お察しします。どうかこのまま卒業させることのないように今後しっかりと教育していただきたく、筆を取りました」と手紙を書くのであろうか、いやおそらく淡々と業務し、少しだけ「最近の中学生は……」と同僚と語り、次の業務へ向かうであろうと想像した。この女性はそのような苦言の手紙一枚は何の効果もないことを良くご存知である。

おそらく（たぶん）自分の捨てたゴミを拾わない生徒もいたはず、しかし、このニュースを聞いて自分の行為をちょっとは恥じて悔いているはず。

あくまでも褒めて育てるのであって、順番が問題。しこたま怒った揚句、褒めても時すでに遅し、子どもは褒められたと思っていない。それどころか怒られた以上に腹が立っているはず、それに不信感も加わって……（自戒の念も込めて）。

第四十二号（3／18〜3／24）【今週のコラム】〜六百三文字〜

今年度のコラムも最後。好きなことを偉そうに書いて、自分のストレスを発散させてきました。そんな教頭の「今週のコラム」にお付き合いいただき、この場を借り、お礼申し上げます。ありがとうございました。

文字数にして六百〜八百文字。「医は仁術」とは「医は人命を救う博愛の道である」（広辞苑）ことを意味する格言。ならば、「教育は人術《じんじゅつ》」。「教えながら人をつくる」仕事。少しきつい言い方をしますが、子どもたちの傷を癒すだけでは教師とはいえない。傷を癒し、その傷跡を前にもまして強くすること。そして、未来に向かって進む強い意志と勇気、知恵と知識を〝授ける〟こと。その意味からは外れないよう話題やエッセーを紹介し、自分の思いや考えを綴ったつもりです。それと私自身を少しでも知ってほしいとの思いで書き始めました。

暇ではないが、一つの文章を長い時間かかって考えることもある。推敲とは聞こえは良いが、文章を生む鍛錬でもあるとあれこれ文をこねくり回してきた。その基本はやはり『天声人語』(朝日新聞)。六百三文字の中に、筆者の思いや考えが無駄なく綴られている。洗練された文と博識で的確な言葉が時にはナイフのように世の中を切り裂き、旬な言葉が時勢を語る。また、その鋭さとは反対に弱者へは深遠な愛で包み込む優しさに感動を受ける。

材料はありますが、なかなか出版準備まで手が回らなくなりました。今週は米子へ、来週は埼玉へと引越しの梯子です。

実録『雨ニモマケズ〜教頭編〜』

〈平成二十五年度〉

平成二十五年度

第〇号（4／1～4／7）【今週のコラム】～情熱を絶やさず～

日本競馬界最後の一頭アラブ馬「レッツゴーカップ」が先日引退。十二歳牡馬、人間でいうと五十歳を越える。広島県福山市営競馬場の廃止に伴い、最後の雄姿を見せて十頭中十位でゴールした。現代競馬の主流はサラブレッド馬である。しかし、神経質で環境に敏感、それでいて高価なサラブレッド馬。戦後すぐは十分に確保できなかったこともあり、全国で多くのアラブ馬がレースに投入された。サラブレッド馬に比べて従順で扱いやすく、頑丈で粗食にも耐えるため、需要が高かったという。

アラブ馬限定のレースも多く開催され、人気を呼んだ。日本中央競馬会（ＪＲＡ）は一九九五年にアラブ馬限定のレースを廃止。福山市営競馬の二〇〇九年のレースが最後で、近年では残った数少ない年老いたアラブ馬がサラブレッド馬に交じって奮戦していた。

三歳の頃初めて手作りの竹スキーからエッジ付きの青色の板のスキーを買ってもらい、うれしくて畳の上で滑り、畳に傷をつけて、しこたま叱られてから五十年。ここ三年間は身内の不幸や体調不良でシーズン中一日もスキーができなかった。高校・大学の頃は昼飯よりも滑るのが好きで、多い年は年間五十日以上スキー場にいた。誰よりも速く、上手くなりたいと必死で練習した。「おそらく西岡さんは一生死ぬまでスキーをするだろう」と大学時代のスキー仲間は言っていた。しかし、あの風を切る感覚と雪の感触が思い出せず、その情熱が消えそうであった。

十二歳のアラブ馬もがんばっている。おそらく走るのが好きなのだろう。怪我をして皆さんに迷惑かけないように細心の準備と注意をし、一丁滑ってみようと、押入れの奥にしまっていたスキー靴に畳の上でそっと足を入れてみた。

第一号（4／8〜4／14）【今週のコラム】〜「百四十四の瞳」〜

三月後半、次女と長男の引越しが重なり、西は米子、東は埼玉へ二週間での走行距離は合計二千キロを越えた。スタッドレスタイヤからラジアルタイヤに交換したが、三年で六万キロの愛車のタイヤの溝は明らかに磨り減っていた。

安いタイヤを求めたが、「はがき四枚ほどの大きさに命を託すんですよ」との元同僚W氏からの熱い助言もあり、某ゴルフ大会でも社名が使用されているメーカーの「省燃費タイヤ」を購入する。

車の運転が大好きで、初めての道などは運転したくてたまらない。決まって交替をお願いする。運転していて疲れることはまずない。他人の車も興味アリ。親しくなればステアリングを握りたくお願いする。眠くならなければおそらく南は沖縄から北は北海道まで。もし、合衆国に行くことがあれば大陸横断も苦にならない。

しかし、先々週、運転歴史上最大の危機に直面した。米子の駅前へレンタカーを返す際にナビを見ていて対向車線の車列の隙間を縫って出てくる乗用車に気がつかず危うく追突しそうになった。後少し遅れていたら、と胸をなでおろした。

「……たら」は日常生活ではよくある。後悔する「たら」だけはできるだけ避けたいが、かといって神経質になっても息苦しい。一人でも多くの目が、あれば越したことがない。それがチームワーク、共同体、組織……要は信頼関係と「絆」。

総勢七十二名、百四十四の目が子どもを見守る学校へ！

第二号（4／15〜4／21）【今週のコラム】〜「質問力」〜

四月十一日（木）ＴＢＳテレビ「今この顔がスゴイ！！」が新たに始まる。それを記念して先週の日曜日に再放送があった。ゲストは「阿川佐和子」。テレビはあまり見ない（正確には見られない）がこの番組ちょっと〝おもしろい〟。私は決して「阿川佐和子」のファンではないが、彼女は「聞く力」がすごい。

ズケズケ聞くが嫌みはない。その質問力や見習う点が数多い。「繰り返しのタイミング」、「相づちを打つタイミング」、「オウム返し」。相手が思わず本音をしゃべってしまう。おそらく〝賢い〟のだろう。

メインキャスターの櫻井翔は「阿川さんに質問されると、腹割って話さないと自分がちっちゃいなって思われないかと不安になる」と最大の評価をした。

教師にとって「話す」ことも磨きたいが、「質問力」を磨くことも是非薦めたい。相手が思わず話してしまう、そんな質問はなかなかできない。相手を思いやってこそできるのだろう。

ちょうど「ノー残業デー」の木曜日夜九時五十四分の放送だ。今日は間に合うのだろうか？

第三号（4／22～4／28）【今週のコラム】～「見える」ことの不確かさ～

昨日の放課後のこと、職員室で体育館の鍵が見あたらないと、ちょっとした騒ぎになった。大人数人が鍵保管板を見たのに……。

約一時間後に体育館の鍵が見つかった。所定の鍵かけの場所から二十センチほど左の「本館屋上」のところにかけてあった。ご存じのように体育館の鍵は形状が違う。なかなか見つからなかったのは、「所定の位置」になかったから。普段あるものがないと慌てる。その周りをなかなか見ることができない。「見えていることの不確かさ」があるなぁ、と校長先生と話す。

見えるとは何かをちょっと考えてみた。よく「心眼」＝心で見るとかいうが、宮本武蔵ではないが、目をつむっていては、なかなか相手は見えない。プロのサッカー選手でさえ「ボールウオッチャー」になり周りが見えなくなることがあるという。見えていることが事実かどうか、ましてやとっさに状況は判断しづらい。でも見えていることの世界で判断するしかない。せめてもの抵抗は「見えていることへの不確かさ」を認めること。自分の目を簡単には信じない＝疑う心を持つことぐらいでしょうか……でも疑心暗鬼でもこの世はなんとも味気なくなる。う〜〜ん困ったモンだ。仕方ないから目をつむろう。

第四号（4／29〜5／5）〜「涙」別れと出会いの季節〜

この季節は転勤、異動、卒業また入社、入学等別れと出会いが重なりうれしい涙、別れの涙が交錯する季節。ウィキペディアによると「『涙』は涙腺から分泌される液体。細菌や紫外線から目を護り、異物を洗い流し眼球を保護する。刺激や感動で分泌が盛んになる。ヒト特有の現象として感情の発現で涙を流すことがある。涙の原料は血液。九割が水で、タンパク質、リン酸塩も含有する。」らしい。

今から約三十年前、一九八〇年頃、生化学者のウィリアム・フレイ二世（William H. Frey II）は、感情が高ぶった時に、人は何故涙を流すのか？ その問いへの答えを探求した。フレイの実験では、様々な種類の感情とタンパク質の関係が明らかにされているわけではなく、感情と涙の関係は興味深いテーマとして存在しつづけているようである。

ちょうど同時期、三十数年前まで私の実家では但馬牛を飼育していた。校長通信三号の「Respect」の坂本遼氏の詩の世界ほどではないが、母牛を飼育し、年に一度子牛を出産させ約十ヶ月間成育し、市で売り、生計を立てていた。亡き母が「母牛は子牛が売られ、連れて行かれる朝、声を上げて涙を流して泣く」と言っていたことを思い出す。もうその現象を確認することはできないが、感情が高ぶり、涙を流すことは母親の経験知によれば人間に限ってのことではないようである。

金子みすゞさんの『雀のかあさん』を思い出す。「子どもが　子雀　つかまへた。その子の　かあさん　笑ってた。雀の　かあさん　それみてた。お屋根で　鳴かずに　それ見てた。」金子さんの真似のできない優しさが母親の子への深い愛情を感じさせてくれる。感情の涙をヒトの独占物にはしたくないが、「純粋で希望のある涙」は申し訳ないが見ていて気持ちがいい、こればかりはヒトの独占物にしたい。それに近い涙を先日送別会で拝見させていただいた。教職員の皆さんありがとう。そして退職された方、異動された方々のご健康とこれからのご活躍を祈念します。

第五号（5／6〜5／12）【今週のコラム】〜恐怖の横断歩道〜

大型連休前の二十六日金曜日、家庭訪問初日だというのに、雷に豪雨、揚句の果ては雹《ひょう》が降ってくる。その中での家庭訪問、本当にお疲れ様でした。風邪を引いていませんか？気温も下がり夜は寒く感じ、その日は早めに寝たが、「高いところから飛ぶ」夢の連発。これは発熱の兆候。GW初日は朝方からだるく、翌日二十八日は孫のお宮参りということもあり、M小学校医で主治医のS医院へ。

薬局でも風邪のちびっ子が順番待ち。横に座っている四～五歳くらいの男の子。ふざけてジュースを飲んでいた。こぼれると思った瞬間、案の定、その瞬間に母親が大声で「だからこぼれるっていったやろ！」男の子は思わずびっくりし、椅子から転げ落ちる。そしてまたジュースが……。「もう知らん！　あんた一人で帰り！　買い物行くし」と母親。半泣きで男の子「いやや！」、「あかん、一人で帰り！」と母はきっぱり。そうすると男の子思い決めたように「わかったわ！」と言う。この子えらい！　と思ったその後「あの横断歩道だけ一緒に行け！」と母親に命令口調でいう。「あかん！　あんた一人や！！」と母親は強気に突っぱねる。子どもはまた泣きながら「あの横断歩道だけ……行って、一緒に行って！」「いやや！」「お願い、あの歩横断歩道だけ一緒に渡って……」「あの横断歩道……」。この短い親子喧嘩のなかで六、七回出てきた、この結構、筋金入りの男の子が恐れる『横断歩道』ってどんなものか興味が出てきた。

M小学校区で子どもが恐れる横断歩道と言えば……。その後、あの親子はどうしたんだろう。果たして、あの恐怖の横断歩道を男の子は渡れたのだろうか。

あの男の子にとってもGW初日は受難でした。

第六号（5／13〜5／19）〜五十五歳の誕生日に次女からのプレゼント〜

大学二回生の次女、入学からやり始めたボート競技（レガッタ）。連休は「朝日レガッタ」という大会に出場。風の強いコンディションだったが、ベンチコートを持参し、琵琶湖まで応援に出かけた。その後、私の誕生日の翌日に次のようなメールが届いた。

「昨日誕生日だったのに、連絡できずごめんなさい。おめでとう！　この間は応援きてくれてありがとうございました。せっかくきてくれたのに、いい結果も残せずで……。

今回はお父さんやお母さんにいろいろ助けてもらったおかげで乗り切れたと思います。環境が変わった中で、いきなり勉強やら部活やらバイトやらで正直、〝自分は何しに大学きてるんやったっけ〟って、なりそうでした。

お父さんもお母さんも、大学へ来た目的を見失わないように、といつも言ってくれたので、そこだけはいつもしっかり柱を立ててやっていこうと思えました。もう大人だからもう少し自立できるように頑張ります。」と。

大会の成績にもかなり落ち込んでいたので返信のメールには苦慮しました。

「お風呂の間に電話があったようですね。環境が変わるのは大変なことです。すごいエネルギーが必要です。父さんたちはアドバイスをしただけ、気持ちを立て直したのは結局本人の力です。それと周りの仲間の存在に感謝してください。
ラスト二百メートルからの激戦は迫力有りました。我が子どもながらよく頑張ったと感動しましたよ。試合で自分の力の八割出せたらすごいです！　七割で十分。結果も大事ですが、勝者が味わえない〝悔しさ〟を敗者だけが味わうことができます。それにつぶされるか、それを乗り越えようとするかは大きな違いです。〝悔しさ〟こそ成長のバネになります。
謙虚に素直に誠実に自信を持ってがんばりなさい！　いつでも力になります。（父より）」と。

メールというツールがなければここまで素早く思いを伝えることができませんでした。学校長の本日発刊「Respect No6」の「勝敗の受容」と重なります！

第七号（5／20〜5／26）【今週のコラム】〜〝風〟にあたる「トライやるウイーク」〜

二十日からN中学校の七名がトライやる・ウイークにやってきます。六月三日からはY中四名、M中四名が予定されています。この事業は「阪神淡路大震災・神戸の少年殺傷事件を経て一九九八年から『心の教育』の充実を図るため、体験を通して子どもたちが自ら体得する場や機会を提供し、児童生徒一人一人が自分の生き方を見つけるよう支援することを目的」として全国に先駆けて行われました。その意義や成果は高い評価を得たようです。

その目的を知っているのかどうかは別として、我が子三人はG中学校からT幼稚園、宝塚動物霊園、K病院へそれぞれトライやるウイークでお世話になりました。

T幼稚園へ行った長女は理学療法士を目指しましたが、途中断念し今は子どもを授かり「専業主婦」になっています。

家から一番近いから、との安直な理由で宝塚動物霊園へ行った長男。中学卒業後は、田舎でのんびり牛を飼いたいと進路指導の先生を困らせましたが、懸命の説得で北高へ。大学では機械工学科を専攻、発泡スチロール再利用のための粉砕装置の開発を研究し、「流体制御機器製造」会社の研究施設への就職。現在、研修で千葉と山梨、長野を行き来しています。

K病院へお世話になった次女は医師を目指すも、一浪の末、現在はT大医学部で医療臨床検査技師を目指し奮闘中です。

本モノの仕事はそんなに甘くはありませんが、そういう〝風〟にあたることは大切なこと。「トライやる・ウイーク」は少なからず彼や彼女たちの将来に影響を与えているようです。

「先生の大変さがよくわかりました」としみじみ感想を言って、中学校へ帰っていく生徒たちの中から、将来の同僚が生まれることを願って、また将来の生き方の参考となるような一週間にできるようご迷惑をお掛けしますが、ご協力をお願いします。

第八号（5／27〜6／2）【今週のコラム】〜「ドスコイ君」〜

二年生の子どもたちが図書室へやってくるとき、入り口で「今日、ドスコイ君は？」と口々に言う。ドスコイ君とは図書室にあるお相撲さんの人形のこと。ちょうど手を入れて指人形のように操れる。図書の時間をただ本の貸し借りだけではなく、楽しく過ごして欲しいと思い、若い時に研修会で学んだ決して上手くはない「腹話術」を使ってあいさつや今日の目当て、本の紹介ができたら、と思い昨年からやり始めた。ちょうど本棚に誰が置いたか、おすもうさんの人形が飾ってあり、それを拝借させてもらったという次第です。思わず「ボクはドスコイ君です！」ととっさにつけた名前がその名前。我ながらナイスネーミングだと。今の三年生も「ドスコイ君」に図書を助けてもらった。ある二年生のちょっと遅く学校へやってくる児童もドスコイ君のファンで「ドスコイ君は何歳？」などとかわいい質問をする。分かってはいるが、「教頭先生がしゃべっているやん！」などと誰一人と言わないのが長尾の子どもの優しさ。

二年生はまた図書ボランティアの「おはなしうさぎ」さんの絵本の読み聞かせも大好きだ。シーーンとなり誰一人と話などせずに絵本の世界に入り込める。これもすごい力。またボランティアのお母さん方の絵本の読み方もすごい話芸。そう考えると教師の授業も話芸の一つかもしれません。

もし時間が許せば、ドスコイ君に会いに来て下さい。

【ドスコイ君夏場所の取り組み】

月曜　四校時　火曜　二、三校時　水曜　三校時　木曜　三、四校時

第九号（6／3〜6／9）【今週のコラム】〜愛と勇気の街〜ハーバーランド〜

昨日、出張で十年ぶりに神戸の「ハーバーランド」へ行った。十年前は友だちの結婚式二次会をモザイクのイタリアンレストランを貸し切ってやるというので、クリスマス前の

寒い夜にＪＲ神戸駅から歩いて出掛けたことを思い出す。

校長先生が三宮から地下鉄湾岸線で行った方が近いとのこと。地下から上がって驚いた。神戸駅近辺は当時とは全く変わっていた。巨大ショッピングモール「umie」。それもショップの中を通らないと外への連絡通路へは行けない。お昼はコンビニで弁当でも買って海でも見ながらモザイクのデッキで食べようと計画していたが、コンビニがない。それにモザイクデッキあたりにはやたらとちびっ子が多い。なんで?と思いきや、モザイク umie の最南端に「アンパンマンミュージアム」ができている。ちょっと気になり不覚にものぞいてみた。気がつくと親子づれに混じってスーツのオッサン一人がやけに目立つ。孫へのお土産にと限定Ｔシャツが気に入ったがサイズがわからない。迷っているうちにお昼休みがなくなる。

結局、この日の昼食はアンパンマンミュージアムの一階、『ジャムおじさんのパン工場』であんパンとアンパンマンの紙コップに入ったオレンジジュース。メニュー表がシャレている。「愛と勇気※パンに含まれています。〇円」と。しかし、これを五十五歳のオッサンはモザイクのデッキに持ち込むのに「勇気」がなく、ミュージアムの隅の椅子で昼食を済ませた。でも限定Ｔシャツは親切な「愛」のある店員さんにより九十センチメートルで決まりました。

帰りの道にもキャラクターの石像が立ち並び、今ハーバーランドは若者が「愛を語る」街からアンパンマンの「愛と勇気」一色に染まっています。地下鉄湾岸線「ハーバーランド」下車七分です。

第十号（6／10～6／16）【今週のコラム】～不法侵入者～

昨夜は少し早く帰宅し、いつものように夕食、シャワー、一杯やりながらスポーツニュースを見ようと企んでいた。先日パジャマを夏用に衣替えしたのでシャワー後に長袖のジャージを着ようとハンガーから外し、右腕から袖を通した。その瞬間右手指になにかピリッと引っ掛かった、と次に薬指にギザギザの何かが巻き付いたようだと思った瞬間に激痛が走る。あッこれは……直ぐに腕を抜くと袖口からポトリと黒光りした十五センチメートルくらいのでっかいムカデが落ちた。「ムカデに噛まれた！」異変を察した妻は常設しているバーベキュー用の火箸でリビングのテーブルの下を逃げようとする〝侵入者〟を手際良く挟み、痛さで苦悩する私の横で「ムカデもびっくりしたんやろなぁ」、「これは久々にでっかい」と成果を自慢し、トイレに流しに行く。

その後、連れ合いは激痛で声も出ない私の横で、緊急で受診できる病院を探し、結局、私は第一病院の救急で受診、アレルギーの兆候が無いことを確認し深夜に帰宅した。
しかし、不思議でならない。どうやってあの侵入者は機密性の高いマンションに入ってくるのか。むしろ外の方が餌もあり、快適ではないのか、と思うのだが。部屋の中には天敵のバーベキュー火箸と水洗トイレが待ち構えている。
我が家では既に二人が侵入者の餌食になっている。長女は花火大会の帰り、エントランスの自動ドアの上から頭を直撃し噛まれた。連れ合いは庭の雑草を抜いている時に指を噛まれた。これで家族五人中三人が……。マンションの一階には約七十名が住んでいる。統計学上四十二名が噛まれているということになる。不法侵入者との戦は夏の間しばらく続く……。

第十一号（6／17～6／23）【今週のコラム】～集団パフォーマンス～

九日（日）甲子園球場の近くで研修会があった。研修会終了がお昼を回り、お腹も空き自宅へ急いで車を走らせた、と甲子園球場の近くになるとユニフォーム、メガフォン等の応援グッズを両手に球場を目指す阪神ファンが歩道を埋め尽くしていた。

午後二時に始まった試合は藤浪が今期最高の十二安打され、九回まで二対三。今日は……と思った九回裏にマートンのサヨナラ二ランが飛び出し、巨人が負け、阪神が再び首位に。おそらく甲子園球場周辺は歓喜の渦かと……昼寝をしながらテレビ観戦を。

ところで、阪神の選手がホームランを打つとベンチ前で取るパフォーマンスに話題が集まっている。考案者は西岡選手。基本動作は、左右の親指、人さし指、中指の三本を立て、中堅方向に両腕を振り上げる。現在、阪神は巨人と首位争いを繰り広げている。緊迫する戦いが続くが、ベンチは明るく、その要因の一つに集団パフォーマンスを挙げる選手が多いという。しかしその意味を知る選手はほとんどいないらしい。

プロの集団パフォーマンスでは、サッカーJリーグの広島が有名だ。代表的なのが、ゴール後、選手がそろって観客席に弓矢を打ち込むポーズ。チームの結束を高め、サポーターと一緒に喜べる何かを、という目的で行っているという。プロ野球でも、楽天や西武が適時打を打った選手が塁上で独特のポーズで盛り上げたりするが、阪神のような派手な集団パフォーマンスは珍しい。関西国際大学人間科学部の坂中尚哉准教授(スポーツ心理学)は「決まり事を共有することで、チームワークは高まり、個々の潜在能力も引き出されやすくなる」と話す。

（6／9　朝日デジタル新聞参照 http://www.asahi.com/）

第十二号（6／24〜6／30）【今週のコラム】〜ＤＪポリス〜

〝ＤＪポリス〟に警視総監賞が贈られた。日本代表がワールドカップ出場を決定した夜の渋谷。熱狂的サポーターと市民の暴走を警戒して待機していた警察官が市民へ向けて「皆さんは十二番目の選手です。日本代表はルールとマナーを守ることで知られています。皆さんも交通ルールを守りましょう」などとユーモアを交えた呼びかけで警備に当たり、男性の機動隊員はネット上で「ＤＪポリス」と呼ばれ話題となった。多くの人がこの呼びかけに従って駅などに向かい、当日、大きなトラブルは起きず、二人は警備に貢献したとして十三日、警視総監から警視総監賞が贈られた（ＮＨＫニュース）。テレビニュースでその映像が再三流れていた。本来、日本の警察官は威厳を保つためか、あまり多くは喋らないで警備にあたる。

このＤＪポリスと評判になったのは警視庁第九機動隊所属の二十歳代男性警察官（宮城県大和町出身）。男性警察官は高校時代、剣道部に所属。二年生の時、県大会個人戦で十六強入りを果たし、三年生の時には主将を務めた。練習に黙々と打ち込むタイプで、男性顧問は「人前で軽妙に話す姿は想像できない。どこでそんなしゃべり方を習ったのか」と首をひねったとのこと（毎日新聞）。人を舐めてはいけない。まさか、あの子が……なんてことはしょっちゅうあること。変わっていないのは先生だけかも。

このニュースをめぐっては悲しいかな警察官の規制への賛否両論がネット上で流れている。「ワールドカップ出場の喜びに水を差す行為」との批判。「喜びを爆発できる場所を保障すべきだ」とは本末転倒。警察官の職務は犯罪・事故の未然防止。法とルールの厳守こそ法治国家国民の義務。まかり間違っても「今日ぐらいは」は存在しない。本当の闘いを知っているものこそ静かに歓喜するもの。

第十三号（7／1〜7／7）【今週のコラム】〜夏と言えば……〜

ヒマワリ、海水浴、麦わら帽子、夕立、風鈴、すだれ、草履、浮き輪、スイカ、盆踊り、扇風機、かき氷、浴衣、蚊取り線香、蝿、花火、打ち上げ花火、ラムネ、怪談、高校野球、腹巻、雷、入道雲、林間学校、臨海学校、キャンプ、暑中見舞い、残暑見舞い、ラジオ体操、肝試し、夏休み、ビール、かき氷、トロピカルドリンク、茄子、瓜、胡瓜、西瓜、枝豆、トマト、朝顔、ハイビスカス、甲虫、蝉、蚊、蛍、汗、金魚売り、サングラス、クーラー、水泳、水着、アイスクリーム、夏休みの友、宿題、マリンスポーツ、サザンオールスターズ、シャワー、広島、長崎、手ぬぐい、タオル、太陽、バーベキュー、避暑地、軽井沢、遊園地、水族館、お墓参り、帰省……。

「夏と言えば……」のWeb上のアンケート第一位は「打ち上げ花火」とのこと。宝塚花火大会は昨年度から一日の開催になった。すみれガ丘からは遠くPLの花火大会の余韻が見える。また甲山越しには芦屋の花火大会が……。

打ち上げ花火は華やかですが、終わった後は淋しく、その上コオロギの鳴き声などが聞こえたら、ゆく夏を感じ、どこか淋しくなります。

実は太陰暦では五月六日頃の立夏から八月七日頃の立秋前日までが夏。夏はこれからと思いきや、後一月で「夏」が終わる。

しかし、「暑い夏本番」はこれからです。

第十四号（7／8～7／14）【今週のコラム】～Mt.FUJI～

富士山が世界遺産に認定された。物議を醸し出した美保の松原も逆転登録。先日発表された富士山の入山料は千円也。ただし試験的に任意徴収、つまりカンパ金。

先日、七月一日より山開きが行なわれた。富士山への登山者数は昨年が過去最高で三十一万八五六五人。富士山安全指導センターが調査を開始した一九八一年の十一万四百人から年々増え続けているとのこと。山開きの期間は二ヶ月余り。一日平均五千人が日本一の頂上に立つ計算だ。

江戸時代より富士山は信仰の対象、集団で参拝する「富士講」が盛んに行われ、富士山に見立てた築山「富士塚」が江戸の各地に作られたという。

富士山の環境保全は並大抵ではない。その中でも排泄物への対応は最大の課題だという。垂れ流し↓汲み取り、焼却↓バイオ処理へと移り変わってはきたが、トイレの総数は山梨県側に十九ヶ所、静岡県側に二十四ヶ所。そのほとんどは一回に付き百円～二百円の使用料を支払う。しかも富士山自体は神社と同じく信仰の対象である。幼少の頃、祖父さんにお宮さんで小便して、しこたま叱られたことを思い出す。

真夏でも最高気温は六度。日本一厳しい気象条件。こう考えると富士山は遠くから見るモノに心が傾く。富士の山をこよなく愛し、広く伝えようとした北斎も広重もこのような事態を予想だにしなかっただろう。

第十五号（7／15〜7／21）【今週のコラム】〜この夏、五十歳代の胸が熱い〜

この夏、五年間の沈黙を破り、サザンオールスターズが復活する。一九七八年デビューの六人組（今は五人）バンド。ボーカルの桑田圭佑をはじめほとんどが五十歳代後半。デビュー曲の「勝手にシンドバッド」はメロディーに日本語の音節を合わせて歌うという方法で日本の歌謡界に大きな革命を与えたバンドである。

その当時、親父がサザンの歌が始まると「何語やこれは？」と嫌悪感丸出しで、テレビのチャンネルをすぐに変えていたことを思い出す。正直、私もこれほど息が長く国民的なバンドになるとは当時は思っていなかった。

ほとんどの楽曲をリーダーの桑田が担当。ビートルズの影響を強く受けサザン・ロックと言われるが、私はサザンのバラードが大好きだ。そのなかでも秀逸なのは「真夏の果実」。しかしカラオケでは一度も最後まで歌えたことがないのだが……。

この夏は久々にＴＳＵＴＡＹＡでＣＤを借り集めようかと……。

八月十七日（土）十八日（日）神戸総合運動公園ユニバー記念競技場にやってきます。先行予約は七月二十五日、一般発売は八月十一日。なんとか生で「真夏の果実」が聴きたい。

「今週のコラム」も今日でしばらくお休みです。成績に泳力保障、前半の研修と続きますが、有意義な夏をお過ごしください。

緊急コラム二〇一三年七月十六日号外　「宝塚市市庁舎放火事件」

七月十二日朝、宝塚市役所は週末で手続き、書類の申請に訪れる市民で混雑し始めていた。一階（通常の二階）税収納課から炎と黒煙が吹き上がったのは九時四十分ごろ。ちょうど本校では校区人権幹事会が行なわれ、東消防署員のTさんも参加。会議がはじまり、しばらくし、Tさんの携帯が鳴る。司会を遮るように冷静な声で「申し訳ありません。緊急出動です。市役所が火災です」と話すと、唖然とする他の幹事をよそに書類を片付けて席を立ち、「気をつけてください」との声に丁寧にお辞儀をして出動した。その後この事件の詳細を知ることになる。

市役所のフロアーは各課の間に壁は無くワンフロアーの構造である。教育委員会事務局はちょうどその真上に位置する。怪我人は六名でそれも軽症であるとのこと。本校の教職員の家族や親戚、友人も勤務している。皆無事と知り安心したが、火災現場の映像を見て驚いた。フロアーの大半が焼失、復帰には二～三ヶ月かかるという。これだけの火災で人的被害が軽微であったことに驚いた。

宝塚市役所は地上六階、地下一階（グランドフロア階）建てのL字形の建物で、一九八〇年完成。建物を取り巻く幅約二メートルのベランダが特徴で、仕切りを設けず各階で横に行き来できるようになっていた。建築家の故村野藤吾氏が設計したことは有名である。

事件発生当時、現場近くにいた市税収納課の職員は「足元まで火が回ってきて、窓を開けて換気し、ベランダに出た」と振り返る。ベランダを走り回りほかの課や来庁者に「火事だ」「逃げろ」と大声で呼びかけた。

一階にいた来庁者や職員の大半はまず、ベランダに出て、その後、駐車場に避難した。女性職員は「室内はすぐに煙が充満して苦しくなった。いったんベランダに出られたから逃げられた」と話す。

市管財課の担当者は「防火シャッターが下りて炎を遮断したうえで、換気の良いベランダ伝いに避難できたことで、被害を抑えられた」という。防災、避難に詳しい元日本火災学会長の室崎益輝・神戸大名誉教授は「ベランダは一見無駄なスペースのようで、防災上とても重要。室内ルートだけではなく二方向の避難ルートを確保しておくことが大切で、村野さんも防災面も考慮して設計したのではないでしょうか」と話した（以上鍵括弧は朝日ｗｅｂ新聞引用）。

何が無駄で何が無駄でないかは、平静時にはわからない。有事の際の危険を予見し、回避する措置を取ることが必要である。どこまで危険を予知できるかはまさに危機管理能力の質の問題。それを高めることは普段の危機意識のアンテナを研ぎ澄ますこと。はたして平常にこうは考えられても、いざという時に動くことができるのか。それを東消防署のＴさんの非常招集時にも冷静な対応に見た。訓練の積み重ねと実践、使命感や責任感からくるのでしょう。

本日より市役所は会議室等を利用し業務を再開する。警備等は厳しくなるが、市民を迎える気持ちには〝やさしさ〟を今まで以上に期待する。

第十六号（9／2～9／8）【今週のコラム】
～夏の気になった出来事BEST10　教頭編～

一位　イチロー日米通算四千安打達成。「四千安打を打つには、八千回以上の悔しい思いをしてきた。それと常に向き合ってきた」「失敗を重ねていって、たまにうまくいって、ということの繰り返しだと思う。それを続けていく」。思わず涙が出てきた……。
二位　実家の空き家は雨漏りに「ハチ屋敷」。お盆に帰省すると、スズメバチの巣がいたるところに……一つは台所の隅、外壁と内壁の間に……。猛暑の影響か。当分帰宅いや帰省困難か。
三位　鳥取城北高校二年連続甲子園出場。実家隣の親戚の次男出場、一回戦で熊工に惜敗。
四位　散水栓内にセアカゴケ蜘蛛出没。二Fベランダに未確認昆虫幼虫大量発生。散水栓の中からT先生が発見。またベランダに昆虫らしき幼虫が数十匹発生。猛暑のせいで生態系が……。
五位　「はだしのゲン」閉架。松江市内の市立小中学校四十三校中四十二校の図書館で子どもたちが自由に見ることができない閉架の状態に。愚行に怒りより悲しみが……。

六位　「半沢直樹」視聴率三十パーセント超。早くも流行語大賞候補「倍返しだ」。
七位　別府のお湯は何故あんなに熱いのか？　全国教頭研究協議会で外湯に入り軽度の熱中症に。
八位　目立ちたい若者急増。「ローソン」店員がアイス用ケースに寝転んだ写真をフェイスブックで公開。「バーガーキング」ではパン上に寝転ぶ写真、「丸源ラーメン」では冷凍ソーセージをくわえた写真ツイッターで公開。「ほっともっと」でも。目立つことの意味がわからない……。
九位　近所のスーパーからサバ缶消える。テレビ番組のダイエット特集で、サバ缶を食すと、やせるホルモンが大量に出る可能性があると説明したのが原因とか。市民性の欠如の典型。
十位　パリ発外国人観光客の国別サービス・マニュアルを作成。日本人は「安心を強く求める」性格で、「（サービスに）満足できない時、その場で文句は言わず、帰国してから批判する」と注意書き。その場で批判し、直接相手を傷つけることがない優しい国民性。
皆さんはどんな夏でしたか？　まだまだ酷暑が続きそうです。早々に自然学校、運動会、学校行事が続きます。健康にはお互いがくれぐれも注意し合い、がんばりましょう！

第十七号（9／9～9／15）【今週のコラム】
～『あすもおかしいか』（笹埜能史個展より）～

夏休みの最後に笹埜さんの個展『あすもおかしいか』の鑑賞というか、ギャラリーにいる笹埜さんに会いに久しぶりに大阪に出かけた。かつては大阪地下街も案内板を頼ることなく移動できたが、年に一、二度しか訪れない街。人の流れに乗れず、何度も人にぶつかりそうになる。しだいにストレスと疲労だけがたまっていくのがわかる。

しかし、南森町界隈はそれほど変わってなく目的のギャラリーはすぐに見つかった。狭いローカの奥のギャラリーから笹埜さんが気づいてくれた。

芸術を解せない私に作品の説明とアートへの思いというか、私には彼の生き方そのものとして受け取ったが、丁寧に語ってくれた。そして学校では見せない一面に勇気をもらって帰ってきた。五年目にしてやっと笹埜さんのアートへのモチベーションが少しだけ理解できたことに図工担当教頭として、責任を果たせたようで雨上がりの帰り安堵も覚えた。たとえ今日が平和でも明日がそうとはいえない。「あすもおかしいか」そのために何ができ、何を伝えるのか。その立場、立場で考え、やるしかない、と思い直した。でもやはり私にはあれが、どうしても「そばぼうろ」か歯車に見えて、笹埜さんに失礼なことを言ってしまった。
本当に申し訳ありません。

第十八号（9／16〜9／22）【今週のコラム】〜「熱風」（ジブリ）〜

自然学校の最中、前後に世間では色々なことが起こっていた。
宮崎駿監督の引退と二〇二〇年東京オリンピック・パラリンピック開催決定。タイガース檜山の引退など。

「人間と自然の共生」をテーマに常に長編アニメ監督として、日本映画界の質の高さを守ってきた宮崎駿監督の引退発表。記者会見で「子どもたちに、この世は生きるに値するんだ、と伝えるのが仕事の根幹になければいけないと思ってやってきた。それは今も変わっていません」との熱い言葉が胸に刺さる。
ジブリとはイタリア語で「熱風」（サハラに吹く熱風）とのこと。高度経済成長の最中ジブリは創設された。好景気で騒いでいるが、人の心はそれほど豊かではない。本当に大丈夫なのか、と常にその時代時代と抗い、人の心の救済を作品のテーマにしてきた。むしろ子どもよりも大人が〝噛み締める〟アニメではなかったかと思う。一つの作品を生むには五年から十年かかるとのこと、次の作品の誕生までは責任がもてない。加齢が引退の主な原因とか。日本国内のみならず、世界中のジブリファンが落胆した。宮崎先生、私は果たして次のステージまで責任がもてるのでしょうか？

その翌日に二〇二〇年東京オリンピック・パラリンピック開催が決定し、早朝日本中に歓喜の渦が巻いた。日本での五輪は四回目、東京では五十六年ぶり。当時はオリンピックが高度経済成長の追い風となった。日本経済に与える影響は株価指数が最高値になるとも言われている。宮崎駿の引退とオリンピックの開催決定がシンクロする。「心のデフレを取り払う」との首相の発言。デフレの原因が何かをしっかりと見据え、今やらなければならないことは何かを見定めて、地に足を着けて進んでほしい。

第十九号（9／23〜9／29）【今週のコラム】〜東海道五十三次リニアの旅〜

東海道新幹線が開業五十年を迎えた十八日、ＪＲ東海はリニア新幹線の詳細を発表した。新幹線に初めて乗ったのが十歳。あまりの速さと静かさに驚いた。

東京から大阪まで約五百キロメートル。人の足で約二十日。駅伝では二十五時間。車では六時間。新幹線二時間半。そして、リニア新幹線は飛行機とほぼ同じく約一時間で結ぶ。最高時速は五〇五キロメートル、その八十五パーセントがトンネル。車窓の旅など欠片もない。さらに東京への一極集中を懸念する声も聞こえる。また南アルプスの真下を通り、いくつもの活断層を横切る。安全性、環境への影響も気になるが、現行新幹線のバイパス機能、飽和状況の打開へとＪＲ東海はすぐにでも着工し、一日でも早く開業したいとの意欲を見せている。

今年度中にも工事の認可申請を取り、着工する。気になる料金はのぞみ料金に約七百円プラスで乗車できるようにしたいとのこと。工事費の九兆三百億円はＪＲ東海が全額負担する。単独会社の工事費としては史上最高額。ルートは品川駅から内陸部を通るルートに決定。山梨、飯田、中津川から名古屋へ。名古屋からは新名神に沿うように鈴鹿山地の下を通る。まず名古屋までを二〇二七年開通予定。東京オリンピックには間に合わないが、山梨の孫には日帰りで会いに行けそう。

大阪までの開通となると二〇四五年とのこと。あわよくば米寿の祝いにリニアで東京観光。老後の楽しみがまた一つ増える。

第二十号（9／30〜10／6）【今週のコラム】〜史上最弱の史上最強監督〜

　昨日九月二十六日東北楽天が球団史上初となるリーグ優勝を飾った。球界に参入した二〇〇五年、レギュラーシーズンを制したソフトバンクに五十一・五ゲーム差をつけられ〝史上最弱〟とも言われた楽天イーグルスは埼玉西武に四対三で逆転勝利し、パ・リーグ二位の千葉ロッテが北海道日本ハムに五対六で敗れたため、球団創設九年目にして悲願の初優勝が決まった。

　一対三とリードされた七回四番ジョーンズが逆転の三点タイムリー。その後ベテラン斉藤が中継ぎ、逆転を信じて肩を作った田中がストッパーとして登場。ヒットと四球の逆転ランナーを出すが、後続を三振で討ち取り胴上げ投手となった。田中がもしヒットを許せば、連勝記録が途絶える場面。優勝は昨日、逃してもいずれ達成できるのだが、田中の凄さは、自分の連勝よりチームの勝利を常に考えていたこと。その間、星野監督は黙って腕組みをしたままベンチに座り、微動だにせず見守っていた。田中といえども、優勝がかかる試合。自分の連勝記録も頭をよぎり、プレッシャーが掛かる（はず）。指揮官が動けば、田中の心にも動揺が走る（はず）。それを見越し、田中を信じて我慢することが、また田中を成長させることにつながるのだろう。
これでまた楽天ファンが急増しそうです。

第二十一号（10／7〜10／13）【今週のコラム】
〜「ため息ばっかり！」クルム伊達公子、観客に怒る!!〜

先日行われたテニス国際大会「東レ・パン・パシフィック」での伊達公子の試合中の態度を巡って、賛否両論が渦巻いている。

試合を大きく左右するタイブレークの場面での伊達の連続ミス。ドーム型のコートのためかミスをする度に観客の溜め息が響く。決定的な場面でのミスにまたも声を合わせたかのような大きな溜め息。ついに伊達が「溜め息ばっかり!!」と大声で悔しそうに叫ぶ。

あるスポーツ評論家は「日本のファンの観戦の質は、ウィンブルドンや全仏オープンが開催されるローラン・ギャロスと同じ訳はない。世界トップレベルの大会に接する機会が少なく、観戦の仕方は未熟なはずだ。プロスポーツはファンがあってのもの。観客が来てくれなければ、自らの収入の一端となる入場料は入らない。世間は悪い評判に敏感だ。卑屈になれとは言わないが、トップアスリートの態度として驚き、違和感を感じさせられた」

と言うがどうも納得がいかない。

石川遼の登場でギャラリーの質ががらりと変わった、と言われているゴルフ。それまでゴルフ観戦をしたことのない老若男女がゴルフ場に詰めかけ、プレー中の会話や、プレー中に走って移動、プレー中にカメラのシャッター音をさせるというマナー違反を頻繁に犯した。「選手や関係者が習熟のための働きかけをして、観戦文化を高めていくのが道理ではないだろうか。」というが、その批判もしっくりとこない。

観客はいくらお金を払っているとはいえ、選手の持てる力を最大限に引き出すため、鼓舞するのがスポーツ観戦の最低のマナーのはず。大リーグと日本の野球。サッカーのホームとアウェイの違いなどはあるが、いくら観戦文化が低いとはいえ言い訳にしかならない。

「選手に勇気や元気をもらった」のであればピンチの時に励ますのが礼儀ではないか。「お・も・て・な・し」の文化を持つ日本。スポーツ観戦にまで身勝手、個人主義が蔓延してきていることに不快感を感じずにはいられない。

第二十二号（10／14～10／20）～運動会お疲れ様でしたm(_ _)m～

悩ましい天候に振り回されながらも、無事運動会を終えることができました。本当にお疲れ様でした。残暑の中、毎日演技の指導に大変な苦労をされたことでしょう。子どもたちの頑張りと先生方の努力に恭敬いたします。

子どもたちが一ヶ月近く練習を重ねていくことは目標があるとはいえ、相当な肉体的精神的エネルギーを消費することになります。また、当然ストレスも溜まりますが、その一方で達成感や自己有用感、他者への気遣い、協働意識は普段の学習より効果的に高まると感じています。

さて、疲れがとれないうちに、音楽会の練習が始まります。秋の夜長、お忙しいとは思いますが早めにご帰宅され、読書に映画にとゆっくりされることも必要です。木曜日は「ノー残業デー」可能な限りの早めの退校を心がけましょう！

〝女心と秋の空〟

ところで、運動会開催を悩ませた天気予報。秋の天気と女心を重ねて「気（候）が変わりやすい」との故事成語。〝男心と秋の空〟も類義語である。ならば〝人心と秋の空〟でもいいのではないか、と思うが、前者は主に男性が、後者は女性が使用するようだ。天気予報で一番苦労するのが秋のちょうど今頃の予想。秋雨前線だけでもフラフラするのに……、それに台風と寒気団や高気圧が重なってくると、台風の明日の進路さえ予想できない状態。

一八七一年工部省に測量司を置き、東京府下の三角測量を始めてから天気予報の歴史は百四十年を越える。近年、気象衛星、アメダス「地域気象観測システム」（Automated Meteorological Data Acquisition System）を駆使しても天気の当たる確率は六十パーセントとのこと。下駄を投げてもその確率は半々の五十パーセント。これでは到底人は自然に逆らえない。しかし、天気に左右されない〝いつも心に太陽〟を持ち続けたいと思う。

第二十三号（10／21～10／27）【今週のコラム】～G難度～

ヤマシタ、ワタナベ、オノ、ケンモツ、カサマツ、エンドー、ツカハラ、モリスエ、ハラダ、グシケン、ナカヤマ、ヤマワキ、モリオ、ミウラ、これらは名字の多い順ベストテンではない。歴代体操種目の技名につけられた日本人の名前である。有名なのは「後方かかえ込み二回宙返り一回ひねり（一回半ひねり）」通称「ムーンサルト」、技名「ツカハラ」である。ミュンヘンオリンピック鉄棒で見せたこの技、中学生の私はまさに重力に逆らっての着地に驚愕した。

この技名表にまた先日の世界選手権で新たに「シライ」が加わった。内容は「後方身伸宙返り四回ひねり」。約一秒間に四回転もする。技名は最初に国際大会で成功させた選手の名字からつけられている。十七歳高校二年生の白井健三選手は種目別床で「後方身伸宙返り四回ひねり」を成功させ見事体操史上最年少金メダルを獲得した。この技、AからG（女子はH）まである難度の中ではF難度の技。もはやウルトラCと言うことばは死語になっている。

現在の最難度「G」の技は二つあるという。その一つは床競技の「リ・ジョンソン」（後方かかえ込み二回宙返り三回ひねり）。また前後の技との組み合わせによっても難度が変化する。一方、危険性の高い技は事故防止のため採点表から削除され、事実上の禁止を意味する。その一つが床の「後ろとび二回半ひねり前方かかえ込み宙返り転」や跳馬の「第一局面（踏み切ってから着手までの間）に前方宙返りを行い、前転とび」イメージすることなど到底できないが、敢えて危険性を冒すような、安全な着地ができない、ギャンブル性の高い技は認めませんよ、とのこと。しかし、どの技も素人から見れば〝危険〟に見える。はたして人類の極限はどこまで速く、多く、高く、遠くいくのだろうか。

そんなことを考えてる場合ではない。結構この時期は次年度の書類作成、調査・報告で忙しい。慣れたとはいえ、とにかく毎日の業務に目が四回転半は回っている。私にとってはこの仕事、何年経っても〝G難度〟である。

第二十五号（10／28〜11／3）【今週のコラム】
〜天空の城・竹田城「日本のマチュピチュ」が危機⁉〜

十月観光シーズンに入り、朝来市和田山町の竹田城下は戦乱さながら、竹田城見学者の人と車で溢れかえり、日常生活に深刻な影響が出始めている。

竹田城は播磨・丹波・但馬の交通上の要衝として、古城山（三五四メートル）の頂上に築かれた南北約四百メートル、東西約百メートルの山城。正式名を「安井ノ城」。室町時代の守護大名、山名宗全が築いたとされ、関ヶ原の役後、廃城となった。石垣は安土城や姫路城と同じ「穴太積《あのう》み」の技法で、全国屈指の山城として以前から城郭マニアには人気があった。また、四季折々の竹田城跡は絶好の被写体として、地元のアマチュアカメラマンに親しまれていた。それでも年間の来訪者は一万人余りだった。もちろんその中には自然学校での登山者（児童）も含まれている。

平成二年に映画『天と地と』（監督角川春樹／一九九〇）で城下町の竹田地区は観光客らでにぎわったが、ブームが去ると閑散とした。七年前の暮れに帰省の途中に白銀の〝天空の城〟に次女と登った。もちろん頂上まで凍結に気をつけて、車で登る。他には誰も観光客などいない。今から考えると何とも贅沢。

最近のブームの火付け役は平成二十四年十月に放映されたテレビ番組「ナニコレ珍百景」テレビ朝日（二〇〇八〜二〇一六）だ。「天空の城」が一躍全国区になった。さらに、高倉健さん主演の映画『あなたへ』監督降旗康男《こうはたやすお》（二〇一二）のロケ地になったことも人気に拍車をかけた。昨年は登山者が二十四万人と前年の二十四倍以上になり、今年六月、石垣の一部にずれが見つかった。来訪者が踏み固めた地盤で、雨水が石垣の隙間などに流れ込み、石積みがゆるんでずれが生じたらしい。「耐震補強はしていないので、大きな地震でも起きると石垣が崩れる可能性がある」とのこと。また天守閣の石垣は五〜七メートルの高さはある。転落防止柵などない。また、来年のＮＨＫ大河ドラマ『軍師官兵衛』（二〇一四）のロケ地にもなり、マスコミにもニュースとして取り上げられる機会が多く、ブームは継続中だ。

いつかブームは去る。〝盛者必衰の理をあらわす〟とは古からの俚諺《りげん》。しかし、この城は登って見るよりも、向かいの朝来山中腹の立雲峡（城の南東）や藤和峠（城の北西）で晩秋の好天時早朝に眺めるのがベストである。

第二十六号（11／4〜11／10）【今週のコラム】〜（追悼）正義の味方〝死す〟〜

『アンパンマン』の作者として知られる漫画家のやなせたかしさん（本名・柳瀬嵩）が十月十三日、急性心不全のため都内の病院で亡くなった。享年九十四歳でした。五月三十一日発行第九号教頭通信コラムで紹介した「アンパンマンミュージアム」が神戸にでき、アンパンマンの人気が再燃してきた矢先の出来事でした。アンパンマンは一九七三年の絵本雑誌掲載から四十年、一九八八年のテレビアニメ放映開始から二十五年が経った今も、子どもたちを中心に大人気で、知らない人はおそらくいない。キャラクター商品も多数発売されており、親子二代でアンパンマンに育てられた人も多いのではないでしょうか。やなせさんが亡くなり、アンパンマンに込められた「やなせ思想」がまた見直され始めました。著作権の行方が取りざたされていますが、どちらにしても永遠のヒーローには間違いはありません。私はやなせたかしさんの詩画集『希望』（あおぞら出版社／二〇〇七）に幾度となく励まされてきました。

「希望」

絶望のとなりに誰かがそっと腰かけた
絶望はとなりの人に聞いた「あなたはいったいだれですか？」
となりの人はほほえんだ「わたしのなまえは希望です」

第二十七号（11／11〜11／17）〜スポーツの魔力〜

日本シリーズは四勝三敗で楽天が制覇し、球団創設九年目にして初の日本一に輝いた。第六戦目で三十連勝がストップし敗戦投手になった田中将大投手は九回一六〇球を投げた。今シーズン限りで日本球界から大リーグへの移籍が濃厚なだけに、東北いや日本のファンへの〝お別れ〟のメッセージだったかもしれない。

最終第七戦は六回まで美馬投手が好投、七回から則本投手がリリーフし異様なムードの中九回から田中投手がマウンドに上がる。テレビ解説の古田も「信じられません」と絶句した。日本シリーズ連投と言えば稲尾投手が上げられるが、五十四年ぶりとのこと。さぞかし大リーグの各球団スカウトはハラハラしたことだろう。

ＭＶＰは防御率〇・〇〇の美馬投手が選ばれた。美馬投手は身長一六九センチメートル、体重七十五キログラムと投手としてはもちろんプロ野球界でも屈指の小柄な選手である。茨城県藤代高校から中央大学、大阪ガスを経てドラフト第二位で、二〇一一年に楽天に入団。今年の勝ち星は六勝。レギュラーシーズンではあまり活躍はなかったが、ポストシーズンに入り、西部ライオンズ、千葉ロッテとのクライマックスシリーズでは共に好投している。それを買われて第三の投手に指名され、見事に期待に応えた。

病気の母親との約束がニュースの隙間から届く。東北の各地から「ありがとう」の歓喜の言葉。

復興と優勝が東北被災地に勇気や元気を呼び起こす。あの嶋選手の「見せましょう、東北の底力を」というメッセージは人々の心を動かした。

スポーツの魔力を見たような気がする。それは人間の純粋な必死さがもたらす魔力かもしれない。

第二十八号（11／18〜11／24）【今週のコラム】〜心は無限大〜

〝太陽系が属する天の川銀河にある太陽に似た恒星のうち、水が存在し得る地球型惑星を持つ可能性のある星が約二十パーセントに上る〟との研究結果を、米カリフォルニア大学バークレー校の大学院生らによる研究チームが四日発表した（四日／ロイター）。

銀河系内の太陽に似た恒星約五百億個の内二十二パーセントの約百億個の恒星は水の存在に適した地球に近いサイズの惑星を持っているという。

この夜長の季節、夜空を見上げ、遠い時空の彼方に思いを馳せるが、あまりにも膨大すぎて、「宇宙はどこまで拡がっているのだろうか」「宇宙から見ればほんの小さな地球のその中の人間の存在はどれほど小さいのか」、また「人の一生は宇宙の時から見たら、一瞬ではなかろうか」「人は何のために生まれて、死んでいくのか」など等。度量の小さな私ではとても受け止められない。そしてまた日常の喧騒に身をゆだねようとしてしまう。現実と空想を行ったり来たりするが、どちらが現実でどちらが空想なのだろうか。自分という存在さえ虚妄に感じることがある。哲学はあまり好きではないが、哲学的になってしまった。

話をもとに戻そう。百億個の地球に似た星があればその中にはきっと人類と同じような生物が存在するに違いない（何の確証もないのだが……）。だとすると同じような進化と歴史が繰り返されたり、もっと興味があるのは自分と同じような「人」らしき「生き物」

がいて、同じような生き方をしている……ココまで来ればSF小説だが……考えたところで何かが変わるわけでもない。自分の考えには到底及ばぬこと。でも、これだけは言える。人の心は無限大。

第二十九号（11／25～12／1）【今週のコラム】～〝蜂〟屋敷～

また寒い季節がやってくる。しかし、この時期を実は待っていた。お盆に実家に帰省した時に、スズメバチの巣が台所と二階の軒下にできていたことは既にお話ししました。おそらくそれ以外にも屋根裏など巣を造っている様子。スズメバチは九月から十月にかけてはどう猛になるとのこと。うかつに刺激しては……とのことで、彼岸の帰省も控えた。十一月外気温が十度以下になると活動を中止し、新女王は巣を離れ越冬する。両親が他界し、空き家となった生家。年に数回しか帰省しない。蜂や狸に狢《むじな》、イノシシの方が滅多に来ない人間の方を怖がっているはず。むしろ主は彼らかもしれない。

一昨年の豪雪時、昨年の春の嵐で多くの瓦が割れて、至る所に雨漏りが、修理しても追いつかない。ついに台所の天井が落ちてしまった。築八十年を超えるだろうか。大工の祖父が建てた家。住む人がいなくなると家が傷む。この家で生まれて、育てられた。柱の傷、ふすまのシール、幼い頃に遊んだ廊下、窓から見える山々、かつての自分の部屋、今にも母親の声が聞こえ、子どもたちの遊ぶ声が庭から聞こえてきそうで、涙が溢れる。思い出は心にだけ残るものではない。その家が少しずつ傷んでいくことは身を切られるようで辛い。しかし、この家、こちらに持ってくることはできず、さりとて向こうへ移り住む決断が未だつかない……。

さて、但馬の冬はこれからが本番、雪の量はどうだろう。心配と不安だけが続く。

第三十号（12／2〜12／8）【今週のコラム】〜「そして父になる」〜

苦しみ、悩み、絶望感に満ちた人へ、どのような言葉がかけられるのだろうか。

福山雅治主演の映画『そして父になる』監督是枝裕和（二〇一三）と同じことが現実に起こった。新生児の〝取り違え〟が六十年たった今判明したという。すでに両者の人生は還暦を迎える。判明してから毎日、涙の出ない日はないという。実の両親は双方とも既にいない。実の両親に一目会いたかったというが、両親はよもやこのようなことになるとは思ってもみなかったであろう。

その事件は六十年前同じ病院の十三分差で生まれた二人の新生児に起こった。詳細は不明だが、その後それぞれの人生を歩むことになる。〝両親に似てない〟と言われ、まさかと思うこともあったという。実の弟がそのまさかを追究したという。もしこの事故がなければ、二人の人生は入れ替わっていたであろう。一方は経済的に苦しい家庭であり、他方は経済的に裕福であったというが、その苦しみは単純な経済的理由だけではない。人生とは何か、親子とは何か、への苦しい問いへの苦悩、答えが見つからない悔しさかもしれない。

この人へどんな言葉をかけてあげられるのだろうか。〝過去のことは忘れて、これからまだまだ人生を楽しめるのだから前向きに生きよう〟ではあまりにも無神経過ぎる。生意気だが、今までの人生のすべてを自分の人生として受容し直し、苦しみも悲しみも誰かに語り尽くすことがなければ、次への気力などわくはずはない。遅くはない、どうか一日も早い第二の人生の再スタートを願う。

第三十一号（12／9〜12／15）【今週のコラム】〜「心配事の九割は起こらない」らしい〜

連れ合いの勤務先が梅田から中津へ変わり、定勤にもなり、夜九時頃の電車で帰ってくる。以前は十時頃山本駅で待ち合わせて同乗して帰宅することが多かったが、今山本駅のロータリーは夜九時ごろから十時頃は送迎車の列が絶えない。その大半が塾帰りの小中校生。Y小、Y中、私学の児童生徒に本校児童もちらほら……。一旦停止すれば二重に停車した車で動けなくなる時も……。それで、途中の清荒神で待ち合わせることが多くなった。早く施錠できる時はTSUTAYAで時間をつぶす。CDの視聴が出来るのでついつい時間を忘れることもある。

先日、TSUTAYA一階の書籍のコーナーで目についた本があった。『心配事の九割は起こらない〜減らす、手放す、忘れる「禅の教え」〜』(三笠書房枡野俊明〈ますのしんみょう〉著/二〇一三)枡野氏の職歴は曹洞宗の僧侶(建功寺住職)兼作庭家(日本造園設計代表)、多摩美術大学環境デザイン学科教授、ブリティッシュコロンビア大学特別教授。制作した日本庭園は数多く、趣を理解できない私にとって庶民の生活には無縁に感じる高貴なものに映る。

「心配事の九割は起こらない」、本の内容までは分からないが、随分安心する言葉である。「心配無用、ほとんどが何とかなるのだから……」そう言って励まし、頑張れそうな言葉である。でもネガティブ思考が頭を擡《もた》げる。けど「一割は起こることになる」と。

第三十二号（12／16～12／22）【今週のコラム】～心が詰まっている言葉～

先日久しぶりに笹埜さんと担当者会に同乗させていただいた。松尾神社の駐車場からS小までの約二十分間、学校を離れると安心して？か道中に会話が弾んだ。地球温暖化、気象変動等々、私はフッと「なぁ笹埜さん、俺らは人類の破滅や地球最後の瞬間を見ることができない。これは幸せかもしれんなぁ」と話した。私は長年そんなことを考えたり、信仰したりはしていないが、ほんとにフッと頭をよぎったのだ。「なんでまた急に、それはわからんなぁ」と笹埜さん。どんな人が最後まで生き残れるのか議論が続く。本当にまじめに精神面、肉体面と生き残る人間像のイメージを膨らませ、討議が高まる。結論として芸術家は遅い方になるのでは……と。これとて科学的な根拠も何もないのだが……。笹埜さん曰く「また、コラムのネタができましたなぁ」と。

いよいよ、二〇一三年のコラムも最後になりました。この一ヶ月はいろんなことがあり、コラムを考える時間、話題に困り、時には病院の待合室で、出張の合間に、と筆ならぬキーボードを叩いた。何があっても万物に平等に、それでも時間は同じように経ち、年の瀬を迎え、年を越します。

憶えているでしょうか。ちょうど一年前のコラムでお話ししたこと。

「来年はきっといい年を迎えられる。大晦日、新年を迎える午前〇時の瞬間、そっと縁側の戸を少し開ける。福の神が入ってくるおまじない。だまされたと思って……」と。

大学時代からの親友が教えてくれたおまじない。こんなことが心の支えになって、頑張れる。ちょっとしたことなのに……心が詰まっている言葉は人を救ってくれる。来年はそんな言葉をかけられるようにしたい。強い自戒の念を込めて。

では、よいお年をお迎えください。

寄稿『さざなみ国語教室（発行者責任・京都女子大学付属小学校校長・吉永幸司）』

第三八四号巻頭に寄せる
―教頭通信『今週のコラム』の誕生―

約千三百名の児童と八十名の教職員の新任教頭として赴任。日々学校事務に埋没。一年が過ぎた頃、焦燥感にも埋もれていた。どうすれば効率よく教職員へ情報を伝達・共有できるのか。前教頭（現校長）に習い「週予定表」を職員へ配布し、「依頼事項」を追加し、約一年間続けたが、改善は難しく、それと共にストレスも増大した。「まず教頭を知ってもらおう」そのことが近道かもと思い始め、「今週のコラム」を挿入し「教頭通信」と改名した。「教頭先生今週のコラム面白かったです。楽しみにしています」先生たちだけでなく、給食室や事務室からも声が入ってくる。

コラムももうすぐ百号に達する。その中で今年の初めに綴ったのが次のコラムである。

『涙』～別れと出会いの季節～

この季節は転勤、異動、卒業また入社、入学等別れと出会いが重なりうれしい涙、別れの涙が交錯する季節。ウィキペディアによると「『涙』は涙腺から分泌される液体。(中略)ヒト特有の現象として感情の発現で涙を流すことがある。涙の原料は血液。九割が水で、タンパク質、リン酸塩も含有する。」らしい。

今から約三十年前、生化学者のウィリアム・フレイ二世は、感情が高ぶった時に、人は何故涙を流すのか？ その問いへの答えを探求したが、様々な種類の感情とタンパク質の関係が明らかにされたわけではなく、感情と涙の関係は興味深いテーマとして存在しつづけている。

三十数年前まで私の実家では但馬牛を飼育していた。母牛を飼育、年に一度子牛を出産させ、牛市で売り生計を立てていた。亡き母が「母牛は子牛が売られ、連れて行かれる朝、声を上げて涙を流して泣く」、と言っていたことを思い出す。もうその現象を確認することはできないが、感情が高ぶり、涙を流すことは母親の経験知によれば人間に限ってのことではないようである。

感情の涙をヒトの独占物にはしたくないが、「純粋で希望のある涙」は見ていて気持ちがいい、こればかりはヒトの独占物にしたい。それに近い涙を先日送別会で拝見しました。

涙という『言葉』

これは送る側のある男性教諭が流した涙である。この教諭、涙腺が弱くなる歳でもない。聞いていて爽やかであり、感動を受けてしまった。その思いを伝えたくコラムに掲載した。毎号約六百字。毎週木曜締め切り。政治的事象は避け、旬な話題に自分の思いを込める。さて今週はどんな〝言葉〟で語りかけようか。（兵庫県宝塚市立長尾小学校教頭）

第三十三号（1／6〜1／12）【今週のコラム】
〜ソチ五輪まで後三十日期待の一人　渡部暁斗〜

この冬は一昨年と同様また雪が多そうだ。実家の屋根の雪下ろしに二度帰省。ボランティアにも二度下ろしてもらった一昨年、山陰地方は豪雪に襲われた。雪が憎いものに思えたのは生まれて初めてだった。

三歳のときからはじめたスキー。大学時代にはゲレンデには自分より上手いスキーヤーはいないと思っていた。雪が降らないと夜中に仲間を連れて、ゲレンデに酒を撒いて祈った。そのときの仲間は今もシニアの現役で滑っている。冬は車にいつもスキー一式を積んで、どこでもいつでも滑れるように備えた。ステンマルクと悔和に憧れた。当時「SKI NOW」（テレビ東京／一九八二〜一九九七）で二人が滑っているビデオを録画し、擦り切れるまで何度も何度も見た。そのウエア、ストックワークも真似した。

後三十日でソチ五輪が始まる。長野オリンピックのジャンプ団体を見た渡部暁斗は「スイッチが入った」とノルデック複合で三度目のオリンピック出場。今回、個人初の金メダルを目指す。彼の練習方法に驚いた。スラックライン（綱渡り）を取り入れている。四十年前に史上最強のスキーヤーと言われたステンマルクと同じ練習方法だ。アルペン回転とノルデック距離競技の違いはあるが、スキーに重心を乗せ滑る方法は同じである。

フィギア、スピードスケート、ジャンプも有力だが是非、渡部暁斗のノルデック複合に注目してほしい。

遅くなりましたが、本年が皆さんにとって、すばらしい年になりますように祈念します！


第三十四号（1／13～1／19）【今週のコラム】～雪形（ゆきがた）～


ブラジルでは猛暑、ヨーロッパでは超低気圧の発生。アメリカ合衆国の南部、東部一帯を襲う猛寒波によりあらゆる物が凍りつき、ナイアガラの滝も凍り始めているという。

一方この寒波と同じように今期最大の寒気団がシベリアより日本へも到着した。偏西風の蛇行により、日本海沿岸をこの寒気団が襲う。加えて高齢化に豪雪。これ以上南下しないでほしいと願うが、雪と格闘する人々の暮らしを思うと辛い。「もう雪は要らんから、もって帰ってくれ！」とテレビ放送のインタビュアーへ言う。春になったら消えるのに除雪、屋根の雪下ろしが日課になる。高齢化には過酷で耐えられない。

しかし、この嫌われた雪、無ければ無いで大変なことになる。山岳地帯への降雪は里の田畑にとって天然の貯水槽となり、春から初夏にかけ田園を潤すことになる。雪解け水は農作物にはなくてはならない。

春に山肌に現れる雪解け跡を「雪形」という。北アルプスの代表的な「雪形」に白馬岳の「代掻き馬」や爺ヶ岳の「種まき爺さん」が有名である。春の残雪と岩肌のコントラストがつくる「雪形」の様を見て地元の百姓は代掻きを始めたり、畑に種を撒き、またその年の農作物の出来までも予想したという。自然とともに生きてきた先人の知恵である。この雪形、今年の春ははたして綺麗に見えるのでしょうか。

第三十五号（1／20〜1／26）【今週のコラム】〜「RESPECT」真の敵とは〜

史上初の北陸決戦となったサッカー全国高校選手権決勝。富山一対星陵の試合は後半最終を向え、誰もが星陵の初優勝の瞬間を待ち構えていた。しかし、史上まれに見る決勝戦となった。富山第一は二点差をロスタイムで同点へ追いつき延長戦で追加点。星陵に逆転で勝利し初優勝をもたらした。

同点のきっかけは星陵の森下が富山へ与えたＰＫ。目の前まで来ていた日本一が自身のプレーで同点へ。このＰＫを与えた相手、実は石川県出身で、中学時代は県トレセンでも森下とチームメイトだったＤＦ竹澤昂樹（三年）。高校進学後も休日には家で一緒に遊んだりする親友同士は大会に入ってからも「ＬＩＮＥ」で連絡を取り合っていたという。

スルーパスに反応した竹澤がＰＡ内に切れ込んだところで森下のスライディングタックルが足にかかった。ＰＫ献上。二―二の同点に追いつかれ、試合は延長戦に突入した。その際に星陵監督は「延長に入る前、森下が涙ぐんでいたので皆が『切り替えろ』と話していた」と明かす。

しかし、そう簡単に切り替えられるはずはない。その森下の心境を一番気にかけていた選手がいた。相手校富山一の竹澤だ。延長戦のキックオフ直前、エンドを入れ替えすれ違う際に、「まだ延長があるから切り替えろ」と声をかけた、という。真の敵とは、双方を成長させ、高めてくれる相手をいう。

第三十七号（1／27～2／2）【今週のコラム】～「情報とはいったい何か?」～

先日、東公民館で市内作品展の準備中に笹埜さんが「昨日の芦田愛菜のドラマみましたか？　あそこまではやらせ過ぎやなぁ」と子役の演技内容が話題になった。取り立てて気にもならずに、多少の違和感を感じながら見ていた。「子役への演出家の要求、大人の要求が問題や」との結論に落ち着く。

　そして翌日のニュースで騒動を知る。その内容は「親が育てられない子どもを匿名でも受け入れる「こうのとりのゆりかご」（赤ちゃんポスト）を運用する慈恵病院（熊本市）の蓮田太二理事長らが十六日、日本テレビ系列で十五日に始まった連続ドラマ『明日、ママがいない』について、放送中止を申し入れると発表した。養護施設に預けられた子どもたちの人権を侵害し、施設に偏見を与える不適切な場面があるとしている。病院で記者会見した蓮田理事長らは、過去に赤ちゃんポストに預けられた設定の子役が「ポスト」のあだ名で呼ばれたり、施設職員役が里親に気に入られるために子役に泣くことを強要する演出があったりすることなどを問題視している。日本テレビ総合広報部は「ドラマでは、子どもたちの視点から『愛情とは何か』を描く趣旨のもと、子どもたちを愛する方々の思いも真摯《しんし》に描きたいと思っています。最後までご覧いただきたい」とコメントした、とのこと。二つのことを思い感じた。一つはドキュメント、ノンフィクションではない。制作者の意図、メッセージが込められている。見る側の市民性を信じ期待するなら病院側の危惧は過剰に思える。逆の言い方をすれば、視聴者への不信がその背景にはあるのだろう。もう一つはこの「騒動」で視聴率は確実に高くなる。多くの市民の関心を集めれば、評価の質も高まるであろう。しかし、あの騒動から一週間経つがこの話題がマスコミから消えそうである。それはそれで危険である。

「情報とはいったい何か?」二月七日、本校での校区人権市民集会で大阪教育大学教授森田英嗣氏に講演をお願いしている。

第三十八号(2/3~2/9)【今週のコラム】~「やれるもんなら、やってみな!」~

四十数年ぶりにうかつにもインフルエンザに感染、発症してしまいました。皆さんに大変ご迷惑をかけてしまい、申し訳ありません。

高熱が出たのが休み中のため、週明け病院へ行ったときは微熱程度で、自らの治癒力で回復へ向ったようですが、タミフルは五日間最後まで服用するようにとのこと。他への感染を抑えるためでもあるようです。感染力が一番強い時期は感染から二~三日目、高熱の発症時期とのこと。土曜から日曜がその時期にあたりそうです。学校が休みで少し安堵しました。

日本では年間一千万人がインフルエンザに罹患し、一万人が亡くなっていると言われています。ご存知のように高齢者、幼児にとっては大変危険な感染症です。

主治医で丸橋小校区のS医院は月曜日とのこともあり、開院時間を繰り上げ診察を始めていました。受付で「お熱は？」「三十八度……」最後まで言わないうちに「教頭先生は奥へ入ってください！」待合室よりも多くの擬インフルエンザ患者の人たちが待っていた。幼児もいるが、お母さんが付き添っている。お母さんは大丈夫なのか？　要らぬ心配をしてしまう。自分も我が子が幼少の頃はそうしていたのに。

悔しいかな、日本のインフルエンザの多くが小学校から家庭、職場へと拡大すると言われている。されど胸を張って言える。小学校はインフルエンザだけではない。色んなものを地域社会へ拡散する。「真実」「安心」「平和」「感動」「愛」「絆」「勇気」等など、良い意味での影響力は計り知れない。「やれるもんなら、やってみな！」

第三十九号（2／10〜2／16）【今週のコラム】〜真の「謙虚さ」とは〜

道具「ツール」とは世界大百科事典によると「人間が特定の目的を実現しようとする場合、媒介として用いる物的な手段をいう。」とある。バットと言う「道具」は人が野球をする際に投手が投げたボールを打つための物的な手段、となる。野球においてバットが無ければおそらくあの百五十キロメートル近いボールは素手で打つことなど到底できない。故に道具は人とモノをつなぐ人（正確には類人猿）特有の「知恵」である。

イチローや松井、落合など著名なプロ野球選手のバットを製作してきた久保田五十一さんが現役を終える。材料の目利きやバットを削る技術が高く評価され、平成十五年には「現代の名工」に認定された。後継者が育ち、役目が終わったのがその理由。

「木のバットは素材が命。自然界にいい木がなければ、選手が満足するバットはこしらえようがありませんから。球を弾き飛ばすのに必要なバットのしなりや反発力、あるいは外見の美しさも、木そのものの特質であって、職人がそれを作ることはできません。私にできるのは、木を選んで同じ形に削ることぐらい。自然が百年かけて育てた木を十五分ほど削って、私が〝作った〟なんておこがましい話です」。イチローが日米四千本の安打を久保田さんが削ったバットで達成したことも「たまたま、その時代に関われただけ」と自身の仕事をいう。人はこうも謙虚になれるのかと。

ものつくりの先駆者がまた一人消えてゆくが、インタビューを受けるその傍らに二人の職人がしっかりと立っていた。

第四十号（2／17〜2／23）【今週のコラム】
〜「昭和83年度！ ひとり紅白歌合戦」天才桑田圭祐〜

昨年夏H先生と二人でチケットをゲットしようと必死に申し込んだサザンオールスターズライブツアーの抽選に悉くはずれ、生で「真夏の果実」を聴くことは叶わなかった。名古屋のツアーにかろうじて当選したH先生は遠征し、その感動を味わってくれた。

そのライブ映像がＤＶＤとなり暮れに発売。早速購入してくれ、先日遅ればせながらその感動を味わってほしいと、レンタルしてくれた。そのＤＶＤと一緒に貸してくれたのが「一人紅白歌合戦」。浅はかな私はこのＤＶＤが桑田のパロディだと大きな勘違いをしていた。

このコンサートには大きなメッセージがこめられていることを後で知る。それは桑田が長年訴え続けたてきたＡＩＤＳを私たちの問題として、正しい捕らえ方を広げることが狙いと知り、恥ずかしくなった。この一九九三年にはじめた「Act Against AIDS」のコンサートはもう十五年間続いているという。

また、そこには音楽ミュージシャンとしての桑田の才能が散りばめられていた。あらゆるジャンルの音楽六十一曲を紅白に分かれて一人で歌う。「勝手にシンドバット」でデビュージ、独特の詩を楽譜に載せる作風は年配にはなかなか受け入れられなかったが、バラード系と素直な愛を歌う桑田の才能が全国区になるのは遅くはなかった。

他人の歌だからだけではないのであろう、ミュージシャンとして、一曲一曲を丁寧に桑田風に歌っているが、その中でも最たるのが八代亜紀の「舟歌」である。冬の鉛色のオホーツク、その海の重い波しぶきに向かい船を進める男の姿が八代の歌以上に見える。まさに天才桑田の秀逸の作品である。

このDVD、H先生に返却したくなくなってきた。

第四十一号（2／24〜3／2）【今週のコラム】
〜〝奔れ、ニシオカ〟「走れメロス」は走っていなかった⁉〜

中学二年生村田一真さんが「メロスの全力を検証」した結果が見事に一般財団法人理数教育研究所が開催した「算数・数学の自由研究」作品コンクールに入賞した。この検証では、太宰治の小説「走れメロス」の記述を頼りにメロスの平均移動速度を算出。その結果、「メロスはまったく全力で走っていない」という考察に行き着いたという。

野や森を進んだ往路前半は時速二・七キロ、山賊との戦い後、死力を振りしぼって走ったとされるラストスパートも時速五・三キロと、思った以上にゆっくりした移動速度が算出されたという。ちなみに、フルマラソンの一般男性の平均時速は九キロ。

その研究に水を差すつもりなど毛頭ないが、車の平均速度を表示した方ならわかると思う。市街地で結構頑張って走っても、平均速度は二十キロ前後で驚くことがある。高速道路にしかり、信号も無く頑張って走っているのに六十キロ……。誰にも邪魔されること無く、ただ走るだけのフルマラソンと比べられたらメロスはかわいそうだ。

人生を速度にたとえ振り返ると実感以上に「人生の平均速度」は低く表示されるかもしれない。「俺ってもっと頑張ってたよな」と。将来、越えなければならない「人生の峠」を迎える時、村田君も実感するかもしれないと思うのは単なる老婆心の最たるものなのでしょうか。しかし、村田君の批判的探究心、研究へのこだわりには深く敬服いたします。

ついでに〝奔れ、ニシオカ〟

第四十二号（3／3〜3／9）【今週のコラム】

〜「君は桂枝雀を知っているか!?」その① 〝伝説の天才落語家の真実　枝雀落語の魅力〟〜

八日開会されたソチ五輪も幕を閉じた。寝不足に値する以上の感動を頂いた。そして悲喜交々を抱え、また四年後を目指してそれぞれのオリンピックが始まる、いやすでに始まった。

そのオリンピック開会式が行なわれた当日、裏番組で「君は桂枝雀を知っているか!?」が再放映された。昨年の放送時に見ることができなかった番組で楽しみにしていた。

小さな頃から、いやなことや悲しいことがあったら、落語、漫才、吉本新喜劇で笑いをいただきその気持ちを紛らわせた。現実からの逃避かもしれないが、その〝笑い〟が元気を与えてくれる。

落語の魅力は大学時代から。教師になってもその話芸に魅せられた。授業にもその技法を取り入れてみたり……、「教師も噺家だ」と偉そうに言ってみたり……。特に好きな落語家もいなかったが、今から二十年ほど前友人の誘いで二代目桂枝雀の落語を聞く機会があり、それ以来はまってしまった。その後、桂枝雀全集はすべてTSUTAYAで借り、iPodで持ち歩き、寝る前には必ず今も聞いている。好きな演目は「貧乏神」「変わり目」「親子酒」「宿屋仇」などなど。

枝雀の落語はパフォーマンスと独特の話し方が特徴だが、その最たるものが、他の噺家にはない斬新な「マクラ」である。本題に入る前の前説、導入が一層の緊張の緩和へと導いてくれる。破天荒と言われるが計算されつくした笑いの理論があると言われている。

枝雀の落語は毎日聞いても飽きることがない。彼は満五九歳で自死するが「座布団一枚の上に私の宇宙がある」とその人生を例える。彼は落語の天才ではなく、まさに笑いの天才であった。

第四十三号（3／10～3／16）【今週のコラム】
～「君は桂枝雀を知っているか⁉」その② “伝説の天才落語家の真実”～

二代目桂枝雀の代表的な演目に「貧乏神」がある。仕事が嫌いな「ぐうたら亭主」はまたもや女房に逃げられる。その原因、実は「貧乏神」がこの亭主に憑いているらしい。この男、そんなことはお構いなし、貧乏神とはいえ神を冒涜するとバチがあたるとの言葉にも、これ以上の不幸はない、もしバチでも当たろうもんなら返って運が向くかも、と全く動じない。ついに言葉巧みに貧乏神をあごで遣い、炊事、洗濯、家事を押し付け、最後はお金まで巻き上げてしまう。そして業を煮やした貧乏神はその家から出て行く。最後にこの亭主は「お前が今までで一番できた『女房』やった」「何もあげられるものは無いが、せめてもの餞別だ」と言って自分と同じように女房に愛想をつかされた友人を紹介するという落ちが付く噺《はなし》。

　この貧乏神と亭主の関係、噺が進むに連れて立場が徐々に逆転していき、いつの間にか完全に入れ替わっているのだ。何度聞いても不思議な感覚に陥る。いったいいつの間に……枝雀の十三ある独自の笑いの理論「スライド」である。

　しかし、貧乏神の粋な「人情」とこのダメ亭主の何とも憎めない「人情」がしっかりと絡み合いながら、「綺麗な笑い」を提供してくれる。落語の世界には「悪人」は登場しない。現代の「軽笑」を安易に提供するモノとは確実に笑いの質と世界が違う。落語が「文化」「芸術」と言われる所以がココにある。

　若くしての自死は「四角い座布団の上に私の宇宙がある」と自分を客観的に見つめることに長けているからこそ、更なる向上を望み続けた悲運な噺家の人生だと、結論付けるにはまだまだ早いような気がする。

第四十四号（3／17〜3／23）【今年度最終のコラム】雨にも負けず〜教頭編〜

雨にも負けず

平成二十五年度

風にも負けず
雪にも夏の暑さにも負けぬ
〝丈夫なからだをもて〟と言われ

慾はもてず
決して怒らず
いつもあたたかく笑っている

誰よりも最後に冷めた給食を掻き込み
コーヒーと少しのお菓子を食べ
あらゆることを
自分を感情に入れず
よく見聞きし報告し
そして忘れず

職員室の前の一番目立つ
大さな机の中央にいて
東に病気の子どもがあれば
行って看病してやり
西に疲れた職員、親あれば
行ってその胸の内を聞き

南に死んだ蛇や猫があれば
行って土の中に埋めてやり
北に喧嘩や苦情があれば
私が請け負うからやめろといい

日照りの時は傘になり
寒さの時は暖になり
皆に「キョウトー」と呼ばれ

平成二十五年度

褒められもせず
苦にはされず
そういうものに
わたしはなりたい

実録『雨ニモマケズ〜教頭編〜』〈平成二十六年度〉

平成二十六年度

第〇号（3／31～4／6）【今週のコラム】～「何か質問はありますか？」～

なかなか皆さんの期待に応えることができず、また今年も長尾でお世話になります。よろしくお願いします。それと新しく長尾小学校に赴任された皆様、これから新しい仲間として共にがんばりましょう。よろしくお願いします。

春と言えば、別れと出会いの季節。朝いつもより余裕をもって出勤していても朝早くから引越しのトラック便に出会います。そのたびにいつもキャンディーズの「微笑返し」を思い出します。今まで人生で何度引越しをしたのかとふっと考えてみました。京都の予備校へいくために引越しをしたのが初めて、いや高校生時代が最初。下宿生活で二度引越し、その後京都の予備校へ、そこから大学の学生寮へ。そして宝塚へ引越し。独身時代は二回、結婚してから一回の合計八回になります。

引越しといえば段ボール箱ですが、大変お世話になりました。希望、期待や不安、喜びや悲しみも衣類や本と一緒につめて、また新たな気持ちで出発をする、そうする決意をするのが私の引越しでした。

長尾小学校を後にする決意をして、支度をしましたが、六年目を迎えます。今年の合言葉は「初心忘れるべからず」と「雨にも負けず」です。新たな気持ちにはなかなかなりにくいもの。しかし、謙虚に誠実に教育の諸課題と正面から向き合うことを今一度肝に命じて、心の引越しだけはきっちりと終えて、また新たな春に向かいます。

一年間また、このコラムもよろしくお願いします。

第一号（4／7～4／13）【今週のコラム】～がんばれニッポン！～

この春に大きな異変がありました。第八十六回選抜高校野球大会は史上初めての近畿勢決戦となり、京都龍谷大平安高校が初の栄冠を勝ち取りました。しかし、盛り上がりに欠けたと感じたのは私だけだったのでしょうか？延長戦の試合数も最高を記録、白熱したゲームが数多くありました。特に三月二十九日、広島新庄高校対桐生第一高校の試合は好ゲームとなり一対一のまま、延長十五回で決着つかず、史上二度目の引き分け再試合となりました。

しかし、折りしもその日は海の向こうでは田中将大投手がオープン戦の最終登板。また、プロ野球開幕週とも重なり、ニュース・話題も以前に比べれば低迷していました。その最たるモノが地上波でのテレビ放送が無くなったことです。おそらく、選抜高校野球が行われていることは関西の人しか知らないのではないかと思わせるほど……。

高校野球と言えば、視聴率の鉄板。高校球児の全力プレーは地元の住民はもとより、全国の高校野球ファンに感動と勇気を与えてくれる。その流れに異変が起こっていることは確かです。

ある外国の論評家が日本の国民は〝プロや大リーグではなく、たかが十八歳の「高校野球」なるものを熱して観戦している変わった国民性である〟、と評じた。しかし、「巨人の星」に見られる根性もののアニメは日本だけかと思いきや、実はあの「アタックNo.1」はヨーロッパ各国でも放送されたようで、それを見てバレーボールをはじめたという選手は大勢います。イタリア代表チームのエースアタッカー、フランチェスカ・ピッチニーニも、子どもの頃この番組を見てバレーを始めた、とのこと。

「ひたむき」「友情」「根性」「汗と涙」「夕日」と言えばスポ根アニメのシンボル。この気質、どうも日本人だけのものではないようです。がんばれニッポン！

第二号（4／14～4／20）【今週のコラム】～チャレンジ～

ＭＬＢは今年からきわどい判定に「チャレンジ」という制度を採用した。審判の判定への疑義申請によるビデオ判定制度を拡大したシステムであるが、闇雲には使用できない。一試合六回終了までに一度と申請回数が決められている。ロイヤルズ青木のボテボテのゴロはきわどくセーフの判定。相手側より「チャレンジ」の申請があり、結局判定が翻って、アウトに。

一方、ヤンキース田中将大の初登板の試合でアウトとされたイチローは「チャレンジ」で覆り、マー君の初勝利を生む逆転の内野安打となった。

先週から開幕のＭＬＢだがすでに一週間で十五回の「チャレンジ」の申請があり、その半分八回、審判の判定が翻った。これを多いと見るか、少ないと見るかは分かれるところ。審判も三六〇度カメラに囲まれたこのご時勢では厳しい。このビデオ判定には約十億円の施設費用が掛かっているとのこと。費用対効果はどのように図られるのだろうか？　ビデオ判定は真実、公正に近いかもしれないが、人が審判を勤める限り〝間違い〟はある。それもゲームの一つと捉えるか。わかりやすい判定だけを審判が勤めるのであればもう審判はいらない。

テニスでは速くて肉眼では捉えきれない場合があり、赤外線で判定を行う。相撲は行司よりも砂被《すなかぶり》に控える四人の審判の「物言《ものい》い」が優先。行司の脇に備える刀は「行司差し違え」で切腹する覚悟の標という。〝誤審〟に人の命がかかるとなれば、公正公明な判断と審判が必要ということになる。しかし、どちらが正しくて、公正かを判断することを機械に頼るのはスポーツの世界までとしてほしい。ただ〝偉い人〟がいうからとか、数が多いから〝正しい〟とすることは文明や文化をも破壊するであろう。

でも優柔不断の私なんかはついつい望んでしまう。人生で二度、いや一度でいい〝チャレンジ〟の申請が行えれば助かるのだが……と。

廃号　第三号（4／21〜4／27）【今週のコラム】〜「黒孩子（ヘイハイズ）」〜

皆さんは「黒孩子（ヘイハイズ）」というコトバを知っていますか。「黒孩子」とは「黒子（くろこ）」とも言われ中華人民共和国において、一人っ子政策に反して生まれたために戸籍を持つことができない子供のことです。その数は数千万から数億人と言われており、実数ははっきりしていないとのこと。

二〇一〇年に中国国家統計局が行った人口調査では、戸籍を持たない人の数が総人口のおよそ一パーセントにあたる約一三〇〇万人に及び、その大半が黒孩子だとみられています。黒孩子は戸籍上存在しないため、国民として認められておらず、学校教育や医療などの行政サービスを受けることができません。その背景には一人っ子政策における賞罰が挙げられ、二人以上の子どもを持つと極めて大きな待遇の差が生じるという。こうした不利益を避けるために、二人目以降の子供の出生登録をしないという事態が起こっている。特に、労働力を必要とする西部の農村地域では、胎児が女子であることが分かると中絶することも多く、人口統計でも男子の誕生割合が他国に比して極めて高いという結果となって現われている。

また、中国の一部では、子供が生まれてから数時間の間に密輸業者に売られ、その業者が中国国内の富裕層や外国へその子供たちを売り飛ばしていると言われている。中国政府が二月に行ったオンライン人身売買業界の摘発では一〇九四人が逮捕され、赤ちゃん三八〇人以上が救出された。複数のサイトが人身売買を行っていたとして閉鎖され、運営者も逮捕された。

親が子を思い、子が親を思うその不易に国境も人種もない。だとするとその違いを生じさせているのは国家、政策という不透明、不安定な〝環境〟に他ならない。仮に貧困の格差はまだ許せても、心まで魔性と化させる〝環境〟を断じて許せない。だからと言って今自分にできることは……。

第三号（4/21～4/27）【今週のコラム】～第一回イオンモール杯「カタカタ選手権大会」～

四月二十九日は私的に良し悪し……色々な記念日です。

ゴールデンウイークの初っぱな、この日に長女の一歳三ヶ月の孫が某イオンモール杯「カタカタ選手権大会」に出場します。嫁さんが情報誌で見つけ、長女が応募し抽選で決まったとのこと。

「カタカタ」とは赤ちゃんの玩具「手押し車」。文字通りその手押し車を押しての競争。安直な私は何もモノ心付かない小さい子どもに競争意識を持たさなくても……と思ったが、どうも違うようです。長女は七月に二人目の出産を控え、精神的にストレスが溜まっているようで、それを案じたおばあちゃんが、孫のためと言うより、長女の気分転換とママ友交流にと進めたようです。

何かに追われている時、一生懸命な時、忙しい時……息継ぎが必要です。息継ぎをしないでいると気がつくと苦しくなっている。時々頭を上げて息継ぎと進む方向を確認しないとどこへ進んでいるかさえも分からなくなります。そのことに自分が気がつけばいいのですが、そんな人は希です。多くは友人知人が声をかけたり、気遣ってあげないと分からないものです。本当の水中では自分で苦しもがき息継ぎをしますが、仕事や生活の雑踏ではなかなかそうはいかないモノです。

皆さんも少しでも早く退校し、仕事を離れ、帰宅いや飲み会や歌って発散してください。「カタカタ選手権」ですが、もちろんおじいちゃん、おばあちゃんそろって応援に駆けつけ、一緒に昼食を食べてと考えています。

まだ性懲りもなく、願わくば優勝し……と思っているのは祖父《じい》さんだけのようですが……。

第六号（五／十二～五／十二）【今週のコラム】～犬も歩けば……～

「犬も歩けば棒に当たる」とは本来は、犬がうろつき歩いていると、人に棒で叩かれるかもしれないというところから、でしゃばると災難にあうという意味であった。現在では、「当たる」という言葉の印象からか、何かをしているうちに思いがけない幸運があるという、反対の意味で使われている。

今年のＧＷは特に海に山に陸に多くの命が犠牲となる事故報道に胸が痛んだ。出先で交通事故を見るに付け「もう少し早く出ていたら……」と胸を撫で下ろし、出不精を理由にせず、もし出かけたら事故に遭うかも……と家にいるのが一番安全と思い決め込む。「災難に逢う時節には災難に逢うがよく候」（良寛）と言われるが、何の気休めにもならない。遭わないに越したことはない。

先日、宝同協会議で和久先生から衝撃的な話を聞いた。先般、韓国フェリー事故で多くの高校生が命を落としたが、六十年前にも日本で同じような事故が起こり、修学旅行中の小学生百名が犠牲になった（宇高連絡船事故／一九五五年）。この事故で亡くなった児童の多くが船室へ自分の荷物を取ろうと引き返し、逃げ遅れたという。その荷物は両親が晴れの修学旅行のためやっとの思いで身支度を整えてくれた大切なカバンや帽子であった、という。

この和久先生のお話を聞き、凄まじい悲哀を感じて胸が詰まった。親が子供へ託す思いに今昔はない。「親の想い」、「子の想い」を受け止め、親子の絆を深めることも教師の欠くことのできない重要な仕事ではないかと強く感じた。

第七号（5／19〜5／25）【今週のコラム】〜「Bamboo House」〜

バブル世代に一世を風靡《ふうび》した高級ディスコ「マハラジャ」が大阪で約二十年ぶりに復活した。「マハラジャ」は八十年代にブームを呼んだディスコブランド。八十二年にミナミの一号店が開店して以降、ハワイなど海外も含めて数十店を開店。大阪市北区堂山町の阪急東通商店街の貸しビルの一階から地下二階に入居し、延べ約六六〇平方メートルのダンスフロアは、関西では最大規模の八百人を収容。ジーンズにTシャツ姿では入店できないドレスコードを設けるなど話題を呼んだが、バブル崩壊と共にブームが衰退。九十年代後半に全店が姿を消した。

大学の卒業式後の〝パーティ（当時はこう呼んでいた）〟は「Bamboo House」だったと思うが……。サタデーナイトフィーバーが空前のヒット。ジョン・トラボルタに憧れて、〝建て付け〟が全く違う六頭身にパンタロンはどう見ても自己満足の世界。でも、ストレス（それほど深刻では無かった）発散の方法としては健全だったと思う。

あれから二十五年、ホテルなどでバブル世代のヒット曲に乗せたダンス・イベントが人気を呼び、中高年を中心にディスコブームが再燃。二〇一〇年には東京都港区に「マハラジャ」六本木店が復活した。

入場料金はドリンクチケット二枚付きで男性三千円、女性二千円と、当時より二千円程度安くした、とのこと。営業時間は午後七時から午前一時まで。

〝お立ち台〟と呼ばれるステージに上がれるのは女性のみとのことだが、なかなか人生の〝お立ち台〟には上がれないご時世、せめてディスコのお立ち台くらいは男性にも開放して欲しいものですが……。

第八号（5／26〜6／1）【今週のコラム】
〜現代の芭蕉『笹埜能史（sasamaru）』とはその①〜

先日、笹埜氏より今年度本校の図工展「NAGAO子ども美術館」のコンセプトの発表があった。「旅」がテーマである。「生きている」ことの一つの視点が「旅」だと解説している。ついに笹埜氏は〝芭蕉〟と化した。かの松尾芭蕉はご存知のとおり「奥の細道（おくの細道とも）」の中で「月日は百代の過客にて行きこう年もまた旅人なり」とあるように、全行程約二四〇〇キロメートルを一四三日間かけて東北から北陸を巡る。四十五歳とはいえ晩年の「旅」は過酷。なぜ笹埜氏がいや失礼、芭蕉が旅に出たのかは諸説あるようですが、旅を人生に重ねたことだけは確かなようです。旅には終着があるが、笹埜氏は「学校の図工（美術）もまた、既成概念からの旅立ちを求められているのかもしれません」と締めくくる。笹埜氏の旅の終着はどこだろうか？　一ファンとして〝執着〟してみたい。

先日、母の命日に午前中お休みをいただき、ちょうど役場、農協への所用もあり、帰省した。三年前からニホンミツバチが墓石の隙間から巣をつくり春から秋にかけてやってきていた。巣を触らない限り刺された人はいないが、お盆・彼岸のお墓参りは落ち着いて、とはなかなか行かなかった。

先日GWには長女家族が一歳の孫を連れてお墓参りに帰省した。十分に気をつけるように託したが、蜂が見当たらないとのこと。隣のご主人が蜂のいない冬の間に巣をとり、隙間を埋めてくれたと帰省の際に話してくれた。息子が帰ってきてくれないのでミツバチが賑やかにしてくれたのでは、と良いように解釈していたが、静かになってゆっくりと墓前に話しかけることができた。死んでからも淋しい思いをさせて申し訳ない……と。

第九号（6／2～6／8）【今週のコラム】～禁じ手～

プロ将棋囲碁の〝禁じ手〟はなかなかお目にかかることはないが、スポーツでは「禁じ手」

というのは結構拝見する。禁じ手とはいわゆる反則である。サッカーでは危険行為全般が禁じ手でレッドカードが出され退場処分。プロ野球、打者の頭部への投球は即退場。格闘技全般では目潰しがそれに該当する。総じて選手生命を脅かす後遺症が残るような危険行為がそれに該当する。大相撲五月場所は横綱白鵬の優勝に終わったが、相撲には〝髷攫《まげつか》み〟〝前袋掴み〟は反則である。後者はわからないでもないが、前者は危険行為なのか、と疑問が残る。今場所この〝髷攫み〟で史上初めて横綱が勝った。そして、十四日目にはまたしても、今度は横綱日馬富士がこの反則で敗れた。引き技や突き落としの時は流れの中で頭へ手がかかることはある。髷の由来は遠く江戸時代に遡るが、力士の頭部を保護するために、床山という髪結い師が行う。頭部を保護するため少しゆるく弾力を持たせるとのこと。それゆえに指が髪の間へ入ることもある。掴んで引っ張り回すことがなければ良しとしたらどうだろうか。ならば保護帽をかぶれば良いが、相撲の風景が台無しになる。

このように相撲の禁じ手を考するのはまだまだ平和な印なのだろう。国民の大切な命を預かっている、かの長はどうも最近大きな〝禁じ手〟を忘れてしまっているようで気が気でならないのだが。

第十号（6／9〜6／15）【今週のコラム】〜小さな日常に大きな想い〜

五月だというのに軒並み三十度を超える気温にこの先果たしてどうなるのかと不安がよぎる。この異常気象をもたらしているのは中国上空の熱い空気。北京では軒並み四十度を越えている。その暖気が黄砂とともに偏西風に乗ってやってきている。気象庁によれば入梅まで（四日昨日より梅雨入り）は続くだろうとのこと。では今年の夏はどうかというと、例年よりも冷夏になるらしい。ほんとうだろうかと疑義を感じるが、「どこかで高温になるとどこかで低温になり、総じて平均を保とうとする」のが自然の摂理とか。だがそれは地球的規模の話で人間の時間でそれもこの短時間ではどうなの？と言いたくなる。

先日まで夜の冷気にホットカーペットと毛布を準備していたのに、体が熱さに慣れない。まして、お年寄りや小さな子どもにとっては過酷である。福岡市では運動会の練習中に熱中症状で多くの児童が病院へ搬送された。熱中症を避けて五月に運動会を開催したというが、皮肉である。

六月最初の日曜日、孫の尊《たける》も汗いっぱいでお昼前に登場。でも冷房なしで吹き抜ける風を浴びて、覚え立ての歩行でローカを行ったり来たりと汗をかいていました。Mシュナウザーのジャックは日陰の散歩さえも危ない状態、早々に部屋に避難しました。

夕方連れ合いが小林まで送迎。車の中でバイバイをする孫に「また帰っておいで！」と言う。車が小さくなるのが心なしか寂しい。田舎のお袋たちもこうやって孫を何度となく見送ってきたのだろう。時代だけでなく人の悲喜交々もまた繰り返される。小さな日常に大きな想いを感じながら。

第十一号（6／9〜6／15）【今週のコラム】〜無情「虐待・ネグレクト」〜

我が子が、痩せ細り、立てなくなりおにぎりさえも持てなくなる。「パパ……」とすがり呼ぶその子を置いて愛人のところへ出かける心理をどのように解せばよいのか。

人間は天使にもなれば悪魔にも化身する生き物。神奈川県厚木市のアパート一室で当時五歳の幼児の白骨遺体が見つかった事件で、逮捕された父親は「痩せた経緯が分かってしまうのが怖くて、病院に連れて行くことができなかった」「立ち上がることもできず、か細い声で『パパ、パパ』と呼んでいた。その場にいるのが怖くなり、一時間も一緒にいられずに家を出た」という。

この父親やこの家族の生い立ちや生育環境を追い、社会はどのように支援すべきだったのかを検証することは是非とも必要である。ただ父親になりきれないとか、地域で孤立して……で済まされることではない。他人事ではない、現実から逃避しようとすることは誰しも経験するもの。それに大小、深浅はあるが、体が自然と自分を防御し、心が途方もない思慮から現実を受け入れられなくなった時、人は空想や眠りに逃げ、悪夢から覚め、また眠る。現実がどちらかわからなくなる。そしてその時独りであれば……。

人間という動物は〝独り〟の時ほど無力で、情けなく、か弱いものはない。しかし、父性・母性さえも奪われるほど人を捨ててしまえるものなのだろうか。

第十二号（6／23〜6／29）【今週のコラム】
〜獣道（けものみち）『笹埜能史（sasamaru）』とはその②〜

先週のコラム「無情」は後味が苦しく、少し後悔をしました。〝芭蕉〟笹埜氏も「重い話やなぁ……」と。

今週は話を大きく変える！　人も動物、獣道《けものみち》ができるように一定の通る道を決めて歩く。特に帰り道、休日の行動に顕著に現れるようだ。私は時間があれば夜遅くても人気《ひとけ》の少ないTSUTAYAで音楽の視聴や新作DVD情報など時間に合わせて利用させていただく。

一方、笹埜氏は某大手DIY関連商品量販店（いわゆるホームセンター）へほぼ毎夜のように寄る。それも同じ道を通って。目的は〝明日の授業の教材探し〟と言ってはいるが、実は小さな子どもがおもちゃ屋へ寄るようなもの、特に買いたいものがあるわけではないが、どうも笹埜氏はホームセンターに夢を求めて通っているようである。

氏曰くホームセンターは「宝の山」であると。おそらく氏にはそこは宝が埋もれ、夢がつまり、希望が溢れている。陳列棚の前に座り込み小さなねじ一本から板切れ、鉄板を手に取り、将来の夢を探り、創造するとき、至高の喜びを感じるのであろう。小さな子どものように澄み切った目を輝かせ、時々笑《え》みを浮かべる笹埜氏を想像するとき、こちらまで幸せな気持ちになる。本日、ノー残業デー。芭蕉は〝コーナン〟、私は〝TSUTAYA〟へ。誰にも邪魔されることもなく。

第十三号（6／30～7／6）【今週のコラム】～ガンバレ～

先週、大学時代の友人からはがきが届いた。暑中見舞いでも年賀でもなく普通のはがき、メールアドレスはわかっているのにと、少々驚いた。

その内容は春先に頼りにしていた実兄を亡くし気持ちの整理ができずにぽっかり穴が空いたようで沈んでいる、とのこと。そんな中、最近「平野啓一郎」の「分人主義」に少し助けられている。と締めくくっていた。夜遅かったが、すぐにメールで返信をした。

「近況報告ありがとうございます。お兄様のご逝去を謹んでお悔やみ申し上げます。私は冷たい人間ですので、残された人の生活が大切と考え、幸せに生きることが亡くなった家族への一番の供養だと考えることにしています。『分人主義』の考え方を少しだけ調べてみました。今の貴方の気持ちが少しでも安らげるならそれは大切な考え方であると思います。また一杯やりましょう！　金曜なら九時半ごろ、土曜日夕方からOKです。孫たちは元気いっぱいです！」と。

彼は三十代半ばで病気を理由に教師を辞めた。大阪教育大学池田学生寮での同期は全国に八人いる。その内四人が既に病気を理由に退職している。厳しい中で奮闘している、との知らせも届く。

試練や困難は克服できるものに与えられる。「ガンバろう」、「ガンバレ」、「こっちもガンバル」、とのメールのやり取り。〝昔〟の道理が通らないと嘆くより、今の現状をしっかりと分析する目を厳しく養いたい。そのことからしか、問題の解決は見えないのだから。

第十四号（7／7〜7／13）【今週のコラム】〜年寄りの冷や水〜

先日、講師の吉永先生をＪＲ駅に迎えに行く途中、同乗の後藤さんとスマホ談義に花が咲いた。非携帯人種の一人であった後藤さんが携帯を所持するには諸所の条件が重なったとのことだが、今や片時も手放すことができなくなったとのこと。それはしごく単純なことで、後藤さんへの通信を待ち望んだ数多い人種が一斉に「これは助かった」と連絡を取るようになったこと、また情報に飢えている後藤さんがそれを手短に手に入れることができるようになった結果。

後藤さんはこの利便性により大事なものを二つ奪われたという。一つは通勤途上の読書。もう一つが一人の時間。情報化社会の光と影は一人として取りこぼすことなく人間に襲い掛かる。アルバムを取りに来た中学生もほとんどがスマホを所有していた。すでに「持たす」、「持たせない」の時代ではなくなった。いままでの受動的な考え方から、能動的に情報化社会にかかわることが必要である。

夏季情報教育の研修会ではできるだけその視点での情報を提供し、今後の学習への支援や助言ができれば、と考えて準備をしています。

しかし、スマホが一番似合わない人は後藤さんだと思っていたのに、スマホ片手に颯爽と「フリック」「スワイプ」操作をする姿が結構様になってきているのが悔しい。

第十五号（7／14〜7／20）〜【今週のコラム】「雨乞い源兵衛（あまごいげんべぇ）」〜

上方落語の演目に「雨乞い源兵衛」がある。桂枝雀の得意な演目の一つで私も大好きである。

堤の池が干上がるほど六十日も雨の降らない村。百年前、先祖が村の日照りを救ったとのことで雨乞いを依頼される源兵衛。百姓一筋、雨乞いなどやったことのない源兵衛、困惑して寝入ってしまうが、その間にたまたま雨が降る。さすが「雨乞い源兵衛」と村人からもてはやされる。しかし、この雨七日間も降り止まず、ため池が溢れそうになる。「お前が降らした雨じゃ、早よ雨を降り止ませぇ」と庄屋より依頼が来る。そのかわり止んだら我が娘を嫁にやる。もし止まないなら堤に放り込む、と言われる。

またもや困惑して寝てしまうが、再びすぐに雨が止む。これはやはり竜神の化身だと村人上げて崇《あが》めたて祀《まつ》る。

冷静なのは源兵衛一人。そうは続けて雨も降り続いたりしない。自然とはそんなもの。人間とはなんと勝手なものか、天の気まぐれもすぐに他人のせいにする。空の天気など人一人が決めることなど到底できるはずはない。この村にいては身が持たないと夜逃げを決め込む、という噺《はなし》。

どうやら今年の自然学校も天気はよくない。ましてや台風八号が日本列島を狙っている。二年連続で警報が出ようものなら、誰が雨男やら、雨女やらと騒ぎ兼ねない。日ごろの行いに自信のない、しかも連続出場の私は責任を感じてしまう。

どこかに替わりの竜神の化身「雨乞い源兵衛」がいないのだろうか。


第十六号（9／1~9／7）【今週のコラム】~寂し、嬉し、悲し、楽し~

今年の夏は自然の猛威・驚異を思い知らされ、また私的にもいろんな出来事があり、記憶に残る夏になりそうです。

我が家の夏は長女の第二子誕生で始まり、その後実家に帰ってきた長女一家は八月三十一日に自分の家に帰って行きました。第一子の一歳八ヶ月の長男はこの一月でずいぶん大きくなり、言葉や行動範囲も拡がりました。夕方七時ごろに帰宅する爺さんを待って、靴を出し、地階の郵便ポストまでの散歩が日課となる。隣近所にも顔を知ってもらい声をかけられるようにもなりました。

孫が夏休み中実家にいることなど、もう二度とないのだろうと思うと、この二、三日は胸が苦しくなる思いがしました。ちょうど三千グラムで生まれた下の凜花《りんか》はこの一月で四五〇〇グラムになり大きな二重の目を輝かせています。またこの間、山梨の息子の二歳半になる長男は最近、私の写真を見て「ジイジだ」と言う、との便りが届き、賑やかなお盆になりました。

そしてまた静かな夫婦二人の生活に戻りました。思わず流れる涙は寂しいからではなく幸せなこの生活への感謝の涙かもしれません。亡き実家の両親も同じような想いを感じていたのでしょう。時代はどんな小さな生活にも繰り返されます。

この一月、怪我や病気をさせずに無事帰らせることができホッとしています。嫁さんの方が遥かに私以上に疲れた夏休みだったはずです。

さて、超忙しい二学期が始まりました。身体は忙しくとも、心にだけはいつも余裕を持って臨みたいといつも思うのですが……。

第十七号（9／8〜9／14）【今週のコラム】〜「スパゲッティストーリー」〜

夏休みに実施する予定の情報リテラシーの研修会が中止になり、研修会で使用する予定のビデオを大阪教育大学の森田英嗣先生に返却する前にもう一度じっくりと見てみた。このビデオは一九五七年にイギリスのＢＢＣ放送が作成したニュース番組である。「スパゲッティストーリー」という題名が後に付けられ、情報リテラシーの講義で時々利用されるビデオである。

内容はスイス南部イタリアとの国境近くリッチーニが舞台。今、リッチーニはスパゲッティ収穫の真最中。研究を重ねて長さの同じスパゲッティを作ることに成功。またスパゲッティを食い荒らす「スパゲッティゾウムシ」を完全に駆除し、今日の収穫祭を家族で祝う。そこには女性たちが美味しそうなスパゲッティをお皿に取り分け、ワインで乾杯する様子が最後に流れる。もちろん白黒の映像に日本語に訳したアナウンサーの吹き替えが流れ、楽しそうなスパゲッティ収穫祭の様子を生々と伝えている。

実はこの映像はＢＢＣが毎年四月一日に放映する「パロディ」である。しかし、今見ると「昔スパゲッティは栽培されていて、今は人工のものが作られているのか……？」と瞬間思ってしまう。このパロディは単におもしろさだけではなく、我々がマスメディアから受ける情報への警告の意味が大きい。むしろその意味で作成されていた。イギリスは紳士淑女の国と言われるがことクリティカルな市民性の育成に関しても歴史が古い。

返却する前に一度見て欲しいビデオである。三分と短い。

九月五日（金）午後三時四十五分より一応ランチルームにて放映予定。

第十八号（9／15〜9／21）【今週のコラム】〜「幸福地蔵菩薩」〜

先週末に卒業生の保護者の方から鈴虫を頂いた。お家で飼育して増え過ぎたので、とのこと。困っていたようです。いろいろ調べると上手に育てないとこうは増えないようです。鈴虫二十四が翌日届きました。飼育箱に入れられ、腐葉土と鹿沼土が敷き詰められ、爪楊枝に刺されたナスに脱皮用の止まり木、真ん中のペットボトルのキャップには鰹節が入れられていた。ネットで鈴虫の飼育の仕方を調べる。なんと鈴虫の習性のほとんどがこの飼育箱に集約されており、とても大切に飼育されてきたことがわかり、鈴虫が増えたのも納得しました。

以前、京都の鈴虫寺（華厳寺）を訪れた時に鈴虫の飼育の難しさを「鈴虫説法」で聞いたことを覚えている。この華厳寺には鈴虫だけが有名ではない。日本で唯一わらじを履いたお地蔵さんが祀られている。「幸福地蔵菩薩」と言われ、一つの願い事をすれば、願者の元へ願いを叶えに来てくださるとのこと。このお寺を訪れたのは、今から十年ほど前。果たしてその時何をお願いしたのか、思い出せない。

鈴虫に話を戻すが、鈴虫は夜行性とのこと。昼間は物陰に密かに身を隠している。ただし、天候が悪く、うす暗くなると鳴き始めるとのこと。金曜夜から三日目になるが、四六時中鳴いている。それほど天候不順で日照時間が短いということでしょうか。

今「幸福地蔵菩薩」へ一つ願い事をするとなれば、「天候安定」でしょうか。

第十九号（9／22～9／28）【今週のコラム】～もう一つの〝台風〟～

台風十一号での避難所開設に伴い、とある経緯から本校卒業の中学生と手紙を交わすことになりました。以下が私からの返信の一文です。

（前略）あの日の夜にあなたたちが来校した時、最初に感じた思いは二つありました。一つは、八月九日の台風十一号の接近に伴う避難所開設が行われて二時間ほどたったその夜はちょうど中山寺の「星下り」の日と重なりましたね。古くから行われている伝統的な行事とはいえ、同じ宝塚それも校区の中で避難を強いられている人たちがいる一方でお祭りを楽しむ人々がいる。その同じ地域に住む人たちの気持ちに大きな差を感じ、悲しい思いをしたことです。

もう一つは十九年前にこの宝塚でも震災により大きな被害を受け、長尾小学校も避難所となりました。十九年前を知らないあなたたちが避難所への興味を持つことは当然でしょう。だから余計に震災を知らないあなたたちへ「避難所とは何か」を考えて欲しかったし、暴風雨の中、中学生だけで夜に行動する危険も知って欲しかったのです。

実はあなたたちが学校へ来る前後に、住民の一人暮らしのお年寄りや小さな子どもを抱えたお母さんからの問い合わせがありました。その電話からは近づく大きな台風への不安ももちろんですが、一人でジッと過ごすことの寂しさの方が大きいと感じました。

避難所は命を守る場所ですが、同時に避難してくる人たちや地域の人たちへ〝希望や勇気〟を与える場所でなければなりません。（中略）

十九年前の震災の時は地域の人たちが励まし合ったり、助け合ったりしました。今はその地域の絆も薄れてきたと感じています。その気持ちをあなたたちに知って欲しくこの課題を与えました。（後略）

四百字原稿用紙に二枚。真正面からしっかりと「避難所とは？」の課題レポートに向き合ってくれた中学生にまた、この課題をしっかりと認識していただいた保護者の方に敬意を表します。

第二十号（9／29〜10／5）【今週のコラム】〜「line on line から face to face へ」〜

「スパゲッティストーリー」は大学後期の講義が始まるので、講義が修了したらもう一度お借りする約束で一旦、森田先生に返送しました。森田英嗣先生十一月二十二日（土）池田附属小学校研究会で事後研の講師をされます。参加費無料ですので興味有る方は是非どうぞ。

さて、ご存じの方も多いとは思いますが、この夏、ドラえもんのヒロイン的存在であるしずかちゃんこと源静香が、ＳＮＳに発信するあなたの口汚い言葉を自動できれいな言葉に変換してくれる無料アプリ「しずかったー」をトヨタ自動車が公開しました。ネガティブな言葉はポジティブに、悪口や暴言は褒め言葉に変換してくれる。

〝悲しい時、頭にきた時……いつでも、どんな言葉でも安心してSNSに投稿できます。ちょっとしたコミュニケーションのズレで起こる陰口や、イヤな思いになることを世の中から少しでも減らしたい。そんな想いから誕生したアプリです〟

との、メッセージが添えられている。おそらくアプリのシステムはSNS上での頻出スラングをリストアップし肯定的な言葉をリンクさせているのでしょう。

「ばか→賢くなろう・死ね→目的を持って生きよう・消えろ→存在感を示そう」

など人を励ます時には使えそうだが、日常のSNS上では効果はどうだろう。むしろスラングを消してくれるほうが私はあり難いと思う。

森田先生ともいつも話していること。ネット上でのトラブルの解決をネット上に頼ることはできない。いくら口汚い言葉を褒め言葉に変換してくれても、人の心まではキレイに変換してくれない。人の心は人の心でしか動かせないのですから。

line on line から face to face へ。

第二十一号（10／6～10／12）【今週のコラム】～「For the customers」（お客様のために）～

九月二十四日、かつて小売り業界トップだったダイエーが、現在の業界首位イオンの完全子会社となることが正式発表された。「ダイエー」商標が無くなる。今から四十数年前、鳥取駅前にダイエーができた。「電化製品大特価」の広告とお年玉を握り、雪の中、汽車で約二時間かけて「ラジカセ」を買いに出かけたことを思い出す。

そして先日、某サイトで気になる記事を見つけた。「トイレが示していたダイエー再建の限界」（西日本新聞社）「……（前略）数カ月前、福岡市内のあるダイエー店舗に行ったとき、ちょっと信じられない体験をした。衣料品売り場の階で男性トイレを探した。女性用下着売り場の目の前。その扉は、西部劇にあるような、押したら簡単に開く、上下部分が開放された、観音開きの片方だけのもの。衝立がないため、売り場からはトイレの中がかなり見える。戸惑いながら、ビクビクしながら用を足した。（後略）……」と。

ダイエーが一九七一年、福岡市・北天神に出店した際、「黒船襲来」と地元の小売業者に恐れられた。ダイエー創立者の中内功の経営スタイルは、「For the customers」（お客様のために）のスローガンと共に、消費者の権利、庶民への豊かさの提供、小売業の流通革命に奔走し続けたが、時代の移り変わりに加え、阪神大震災が経営不振に拍車をかける。

一九九〇年代後半から業績が悪化し、二〇〇四年には産業再生機構の支援を仰ぎ、ホークス売却や大規模な店舗閉鎖に追い込まれた。

晩年に中内会長は「消費者が見えんようになった……」と嘆くことが多かったという。記者は「きちんと店舗と顧客に向き合った戦略をとってほしい」と締めくくるが、中内会長を庇う訳ではないが、言うほど顧客に向き合っていなかったとは到底思えない。むしろ顧客の「わがまま」に振り回される時代を正直に生き過ぎたのか、と何の縁もゆかりもないが思ってしまった。

第二十二号（10／13～10／19）【今週のコラム】～「ひまわり8号」～

十月七日午後、気象衛星「ひまわり8号」を載せたH2Aロケット二十五号が鹿児島県の種子島宇宙センターから打ち上げられました。ひまわり8号は、現在の気象衛星よりも観測技術やデータの処理能力が格段に上がり、台風や集中豪雨をもたらす積乱雲が急速に発達する様子を詳細に把握できるようになるなど、観測や予報の精度の向上につながると期待されています。では早速、台風十九号の進路予想に役立つのかと思いきや、今月十六日ごろには高度三万六千キロの静止軌道に入り、観測機器や画像を地上に送るシステムの試験をへて、今のひまわり7号が役割を終える来年の夏ごろに、運用を始める予定だという。

台風の進路予想はレーダーや気象衛星を駆使して予想される。中心気圧九百ヘクトパスカルの「猛烈な」台風十九号がこの連休中に関西を直撃する。被害を最小限にくい止めるために出来ることはたくさんあるはず。まず、落ち着くこと。避難グッズや停電に備えての準備、水の確保……最後は何と言っても家の周りや危険箇所の点検と隣近所で声を掛け合うことでしょうか。

今の機密性の高いマンションでは外部の嵐の様子をうかがうことはできない。小さい頃、田舎の実家では台風時は居間に集まり、ロウソクを真ん中に家族七人が寄り添っていたことを思い出します。

第二十三号（10／20〜10／26）【今週のコラム】〜気になる過剰な実況放送〝台風編〟〜

十月にしては珍しく大型の台風が二週連続上陸し、大きな爪痕を残しました。本校体育館も避難所となりましたが、避難者は無く、校区内での被害も無くホッとしています。実は昨今の台風の実況放送を見てその加熱、過剰ぶりの「やらせ」に少々憤慨しています。

シーン①海の近くで波がそれほどでもないのに「強い白波が打ち寄せています！」という。波は白いもの。ましてや海には近づかないのが鉄則。

シーン②街路樹の近くで「大きな木の枝が波打っています！」という。大木や電柱には近づくな！

シーン③川の堤防に立ち、それほどでもないのに「水かさが増え黒々とした水が流れています！」という。だから川や溝には近づくな！　真似をする青少年が現れる。

シーン④あまり風雨が激しくないのに若い女子アナにカッパも傘も被せず、髪を濡らさせて、しかもマイクを風上に向けさせ「風が◯ご◯です〜〜！」と言わせる。かわいそうだから、中に入れてやれ！

シーン⑤「先ほどまでは激しい風が……」と録画を流しながら言う。本当に危ない、災害が起こりそうな場所はそこではないだろ！

今回のコラムではなぜか乱心してしまいました。すいません m(_ _)m

第二十四号（10／27～11／2）【今週のコラム】～最期の〝景色〟～

放課後の職員室、ちょっとした事から病歴を自慢し合い、健康談議に花が咲く。職員の健康をリサーチするのも教頭の仕事。話しやすい位置にS先生、Y先生が残っていた。私が「最期に見る景色は何がいいやろ？」とフッとこぼす。「一人で学校に残っていて、この場で倒れて最期に見るのが自分の机や蛍光灯だと悲しいなぁ」とこぼすと、すかさずYさん「イケメンがいいです！」と言う。「教頭先生は？」と返された。「そうやなぁ……家族や孫に囲まれて……」と言って、自分の両親の最期を思い出して少し詰まった。

それを察してかYさん「でも寝る前に見たい夢を念じたらその夢が見られますよ。ですから一生懸命こうなって欲しいと思う『潜在意識』と『ポジティブ思考』が大切です！」と明るく言う、すかさずSさん「じゃこの机の引き出しの裏にYさんは『イケメン』、教頭先生は『家族』の写真を貼っといたら」と言う。「やっぱりココで最期なんか！」というと大爆笑に包まれた。

学校に一人で残っているとき一番こわいと思うのは西館でも暗い廊下やトイレでもありません。今は校長先生がほとんど一緒なので安心ですが、数年間はココで倒れたら、きっと朝まで見つからず、その時は必ず冷たくなってHさんにまず発見される。そのことの方が長尾小の〝都市伝説〟より怖かったのです。安否の確認に夜十時には必ず家人に連絡を取ることになっていました。

　ですから皆さんも少しでも早く帰って、少しでも多く休んでください（笑）。

第二十五号（11／3～11／9）【今週のコラム】～お弁当箱～

　先日、とてもうれしいこと？、爽やかなこと？があった。職員室にいると六年生の男子が二人「あの～～」と入ってきた。いつものように「ご苦労様～～」と鍵を取りに来たのだと思い込んで適当に（ごめんなさい）挨拶をした。その二人、斜め後ろまで進出してきた。鍵を借りに来てココまで教頭へ接近する子どもはいないので、「どうした？」と真面目に対応。そのうちの一人がとても申し訳なさそうに話し始める。（また何か、どこか壊したのか……と思う。この思い方が心の貧しい現れか……）「この前、お弁当箱を忘れて、忘れ物の所から持って帰ったら、お弁当箱がきれいに洗ってあったんですが、誰が洗ってくれたのかと……」。

　先日、戸締まりの際に児童玄関前に淋しく忘れられた弁当箱があり、普段の習性から洗って、忘れ物コーナーに置いたのを思い出した。

我が家は子育てで躾らしい躾はしていないが、お弁当箱は小学生高学年から洗って返し、また食器は洗い桶まで持っていき、ソースや汚れは水で洗い流し、洗い桶に浸けることになっている。それが食事を作ってくれた人への感謝の気持ちだと、私の家の子育てのことをこの児童へ説明する必要はないのだが、ついつい話してしまった。

この児童「あの、本当にありがとうございました」と丁寧にそれも隣の引率者らしき児童まで一緒にお辞儀をしてくれた。そのことがとてもうれしく、すばらしい六年生に出会えた喜びとおそらく家に帰り、きれいに洗われたお弁当箱を見て、忘れてきたことを叱るだけではなく、そのことを話題に取り上げ話をしてくれたであろう保護者、そして日頃から心を育てることに尽力を注いでいる六年担任の先生方に感謝した。

子育ては親だけでも、教師だけでもできない。親と教師の信頼関係という絆が子どもの心を育む。その日は心に残る一日となった。

第二十六号（11／10〜11／16）【今週のコラム】〜♪♪旧長尾小学校校歌♪♪〜

「昭和二十六年度の卒業生なんですが……」と突然の電話。学校へは時々卒業生より、当時の先生の所在や同窓生の確認などが寄せられる。「ホームページを見ているのだが、当時の校歌と違う。変わったのか？」とのこと。クレームでも無いなぁ、と返答に躊躇していた。校歌が変わったも何も、今の校歌の他に校歌があったなどと言うのは全く聞いたことがなかった。戸惑っている私の様子を察してか、「いや実は同窓会をやろうと思っている。そこで校歌を歌いたいが、校歌が思い出せない。ホームページを見たら、歌詞が違うし、何時変わったのか？」とのこと。

年齢を逆算すると七十代中後半ごろ、亡き両親と同年代と思うと協力したくなった。「ちょっと調べてみるので時間を頂けないか？」お名前、住所、連絡先を聞く。「全力で探します！」と大見得を切り一旦電話を切った。しかし、そのすべはなく、途方に暮れた。校長先生に話して、「学校沿革誌」を百五十年分見せてもらう。明治、大正、昭和……戦前、戦中、終戦が沿革誌を走る。二人ともジッと黙ったまま時間が過ぎた。

結局「沿革誌」に校歌の記述を見つけることはできなかったが、学校長が新校舎改築祈念の式典に配付した資料から見つけてくれた。「尋常小学校校歌」「長尾村立長尾小学校校歌」の楽譜。これで電話の主は喜んでくれるはず。

当初はどうして探したらいいのか困惑していた。「探偵ナイトスクープ」に依頼しようかと本気で思ったが、自分の学校のことを依頼は取り上げてくれないだろう。電話の主に依頼をさせて……そうすると学校へ……どっちにしても学校が調べることになると、考えていた。それに、同窓会まで時間が無かった（十一月十三日開会とのこと）。

伴奏のCDがあれば電話の主はさらに喜んでくれるだろうと自分が出来ないことを忙しい音楽のN先生へ依頼、快諾して頂いた。

今から六十三年前、一九五一年（昭和二十六年）の卒業生は一六七名。多くの同窓生が旧交を深め、元気に旧校歌を歌って欲しい。

第二十七号（11／17～11／23）【今週のコラム】～ジェネリック薬品～

既に十五年以上服用している医薬品「ノルバスク」「メインテート」「フェブリク（一昨年に新薬として登場）」。降圧剤と狭心症、尿酸を抑える。六十日ごとに診察と医療相談、処方箋を頂く。度々登場するM小校医S医院。診察料と薬代で約六千円を支払う。前回にジェネリック薬品の紹介を受けたが、お恥ずかしい話全くジェネリック薬品を知らなく、手を出すことを躊躇した。

しかし、ネットで貴重な情報を得た。ジェネリック薬品とは「後発医薬品」とも呼ばれる。特許が切れてから別会社で発売された医薬品をいう。開発費用が削減されるため「新発医薬品」に比べて三～七割と格安だ。安全性はもちろん副作用も新薬と同じ。それもそのはず成分表示はまったく同じ。ならばいくらになるのかネット上で試算表示が出せるようになっている。ちなみに医薬品に特許の話は後ほど。

「フェブリク」は開発して間もないのでジェネリック製品は未販売だが、前述二薬品のジェネリックは既に販売されている。

「メインテート」は新薬で一錠一一七・〇円だがジェネリック製品の「ビソプロロールフマル酸塩」ならなんと十九・六円と約百円の節約となる。

「ノルバスク」のジェネリック薬品は約三十円の節約。両方合わせると六十日間の薬代四六〇〇円が二三〇〇円と約半額になった。この情報は長期の常備薬として処方されている方にお勧め。急患、急病としての調剤には主に新薬が勧められるので当然ジェネリックが無いことが多い。

思わずその足で帰りTSUTAYAでCDと本、雑誌を衝動買い。合計四三〇〇円の出費。果たして得をしたのか、経済効果には奉仕した。

第二十八号（11／24〜11／30）【今週のコラム】〜世にも奇妙な物語〜

先週、二年生児童が下校時に松尾神社横の下り道で転倒し、前歯を歯折し顎に裂傷を負う事故があった。各種委員会の途中に知らせが入り、右上二番が約三分の一欠けている、M養護教諭が現場にこの欠けた歯を探しに行っているとのこと。私も少し遅れて駆け付けた。転倒場所の特定も定かでなく、保健室と連絡を取りながら懸命にアスファルトの参道に這いつくばって探す。

以前三ミリほどの欠けた前歯を土の上で探したことがあり、アスファルトだけに自信はあったが、なかなか見つからず、時間だけが過ぎていった。

親子ほどの年の差があろう二人がアスファルトの道に這いつくばっている姿は奇妙で滑稽に映ったのでしょう。声もかけられず、過ぎ去る人。車窓から覗きながら過ぎる人。そうしている内に下の方から一人の老婦が近寄ってきて、質問された。

「何か綺麗な石でも探しているのですか？」と。その質問はM養護教諭も私も全く予想だにしていなかったので、驚いた。咄嗟に私は「ええ、とても高価な珍しい石なので……」と答え、M養護教諭も「とても高いんです……」とつぶやいた。

「そうですかぁ、がんばって下さい！」と老婦はにこにこして過ぎ去った。

なかなか見つからず次第に疲れが見え始め、沈黙して右往左往している私たちはその質問で元気になり、再び歯の捜索を始めた。

大の大人二人が必死で探している、おそらく大変大切なモノを探しているに違いない。そのことを歩いてくる何秒かの間に察し、その苦労を勇気づけ、労う言葉を何とかければいいのか？　そう考え、先の質問を投げかけたとしたら……この老婦は相当の人物とお見受けした。そう思い巡らし老婦の背中を追ったがすでに消えていた。

第二十九号（12／1〜12／7）【今週のコラム】〜白馬村神城〜

長野県北部を震度六弱の烈震が襲った。神城断層が動く活断層型地震とのこと。その真下にはフォッサマグナの西境界「糸魚川静岡構造線」がある。地域の住民が〝今までに経験がない〟、と言えば、〝いつ地震があってもおかしくない地域〟、と専門家は言う。何度も繰り返し聞いたような問答だ。

最も被害が大きかった白馬村神城《かみしろ》は大学時代大変お世話になった地域だ。五竜とおみスキー場の麓に位置する。大阪教育大学「遠見山の家」があり、十二月から三月までの大半を過ごした。その山の家利用規約には次のように記されている。

「使用者は，白馬村の村民になったと同様の自覚をもって生活しましょう。他人の迷惑になるような行為は、厳に慎みましょう」。

お世話になった村民の方々は既に高齢を迎えている。倒れた家屋の片付けに戻ってきた住民に取材の記者が聞く「これからどうされますか?」。応えられるはずもなく、無言に悲しみをこらえるしかない。

今回の地震では寒さが厳しい地域なのに火災が発生しなかったことと「共助」により犠牲者が一人も出なかったのが特徴と言われる。どの部屋に誰が寝ているか、連休で誰が帰省しているかも村人は知っている。さほど珍しいことではない。昔からそうだから……。さりとてプライベートがないわけではなく、日常の会話や情報交換が災害時に「共助」となる。「都市」では到底考えられないこと。

まもなく白馬村には雪が積もり厳しい冬がやってくる。豪雪地帯の仮設住宅建設は簡単ではない。親類宅に身を寄せるといってもいつまでも頼ることなどできない。少しでも暖かいお正月が迎えられるように〝選挙に精出すより、やることがあるはず……〟。

第三十号（12／8〜12／14）【今週のコラム】

〜「このみちや　いくたりゆきし　われはけふゆく」（種田山頭火）〜

この高倉健さん訃報のコラムを推敲しているときに菅原文太さんの訃報が入った。菅原さんは声優としてもあの『千と千尋の神隠し』監督宮崎駿（二〇〇一）の〝釜爺《かまじい》〟の声で知られる。年配の人は『仁義なき戦い』（監督深作欣二／一九七三）、『トラック野郎シリーズ』（監督鈴木則文／一九七五〜一九七九）だ。享年八十一歳。高倉健さんとは同年代。一斉を風靡した銀幕のスターが相次いで亡くなられた。

高倉健さん（本名・小田剛一《おだごういち》）は享年八十三歳。先日、主演映画として最後になった『あなたへ』（監督降旗康男《こうはたやすお》／二〇一二）が放映された。以前コラムでも紹介したが、東洋のマチュピチュ竹田城はこの映画の舞台ともなったことで知られている。

高倉健さんは「私生活を明かさない」「不器用な男を演ずる」「寡黙に背中で男を語る」など言われているが、実際に会ったことは無いが、撮影現場で共演者やスタッフへの心配りやエピソードには枚挙にいとまはないという。

私は『駅（STATION）』監督降旗康男（一九八一）が一番好きだ。その中で流れる八代亜紀の『舟歌』作詞阿久悠作曲浜圭介（一九七九）はあの映画の高倉健さんのために作られたような曲で、雪国の古い居酒屋のカウンターに座って熱燗を注文したくなる。『あなたへ』のラストシーンで種田山頭火の詩が流れる。「このみちや　いくたりゆきしわれはけふゆく」（この道は、多くの人々や人生が行き交っている。私はその人生をきょうも歩いている）。私たちの仕事とも相通じるのではないでしょうか。

十二月八日からの図工展は「旅（たび）」をテーマとして行われる。旅、放浪とはいかに楽しくまた厳しく、寂しいものであるか、それでいて心が解放されたものであるか。高倉健と言えども一人の人間。喜びも寂しさや悲しさも人生という旅の中の一つとして追い求めたに違いない。笹埜氏にも相通じるものを感じるとはあまりにも故人へ寄せ過ぎでしょうか。

第三十一号（12／15〜12／21）【今週のコラム】〜がんばれ！「はやぶさ2号」〜

「挑戦が力を生み、継続が力を深める」これが何のキャッチコピーか分かりますか。某個別進学塾のキャッチコピーではありません、「はやぶさ」プロジェクトのテーマです。十一月三十日に予定された打ち上げは天候不順で十二月三日に再延期、午後一時二十二分打ち上げられ、午後三時頃惑星への軌道にのり打ち上げは成功、地球を後にしました。

世界で初めてイオンエンジンによる新しい航行方法を確立しながら、太陽系の起源の解明に繋がる手がかりを得ることを目的に地球重力圏外にある天体、小惑星イトカワの表面に着陸してのサンプルリターンに成功した前回のはやぶさは映画化されたことでも知られている。今回「はやぶさ2」では「はやぶさ」で培った経験を活かしながら、太陽系の起源・進化と生命の原材料物質を解明するため、C型小惑星「1999 JU3」を目指すという。

全くの素人の私なんかは四十五億年前の地球の誕生、生命の誕生の解明を何も何十億万キロも遠くの惑星に求めなくとも、この地球上で解明はできないのかと思ってしまう。しかしこの計画は日本人の高度な知識、想像力と創造力の融合がなす、高度な天文学的、科学的解析と緻密な分析によるものだ。こう考えると困難と思われる課題解決の鍵は案外、課題の間近ではなく、周辺にあるのかもしれない。

はやぶさ2号の帰還は東京オリンピックパラリンピックの年、二〇二〇年とのこと。ガンバレ日本！ ガンバレはやぶさ!!

※第三十二号、第三十三号はコラム掲載なし

第三十四号（1／12～1／11）【今週のコラム】～ある祖父と孫～

皆さん、今年最初の「コラム」となります。また〝おつきあい〟をお願いします。

昨年、学期末の忙しい中、「初滑りツアーinちくさ」を雨天の中決行しました。若干三名の参加者は果敢にアタックしましたが、ボードやスキーというスポーツは自然との闘いのスポーツだと改めて感じました。参加者の皆さんお疲れ様でした。

さて、その際に初めて立ち寄った温泉「しそう　よい温泉」（ちなみに温泉名は地名の「山崎町与位字南山」の「与位《よい》」からきている）。男性風呂は最近改修とのことでとても綺麗でした。温泉も良質でとても気に入りました。また是非立ち寄りたいです。

その温泉での出来事をどうしても伝えたく最初のコラムで紹介を。脱衣場で三～四歳くらいの男児と七十歳くらいのおじいちゃんとの会話がとても微笑ましく胸を打たれました。孫の服を脱がせてやりながらおじいちゃん「ちゃんと温まらんといけんゾ」（会話は方言でしょうかちょっと早口！）「なんで？」「風邪ひくけんや」「かぜひいてもええやん」「風邪ひいたら熱でてえらいゾ。それに保育所のみんなにうつるやろ。うつしたらいけん。みんなが休んだら困るやろう」と諭すように言い、孫もジッと聞いている。

自分のことだけではなく、友達のことも考えて話をしてあげるおじいちゃんを見て、自分の孫にもこうして他人のことを大切にしてあげるよう、日々話しかけてやれるのか不安になった。そんな日常の積み重ねが〝やさしい〟子どもの心を育てると、この二人に教えていただいた。まさにスキーはできませんでしたが、貴重な〝旅〟になりました。

第三十五号（1／19～1／25）【今週のコラム】～スウィートスポット（sweet spot）～

「スウィートスポットとはゴルフのクラブやテニスのラケットなどで、ボールを打つのに最適の個所。最適打球点（参照・デジタル大辞泉）」。この「点」で打つと手、腕等に無駄な振動、衝撃をもたらすことなく、最も効率よく力をボールに伝えることができる。

先日の新年会には参加はできなかったが、いつもの締めの挨拶は恒例の一本締めだけではなく、一年の始まりでもあるし、験を担ぐ「元気の出る話」をしたいと数日前から考えていた。その感情は時間と共にまた期待されていると感じるとともに次第に高まり、職員室という楽屋で一人その出番を待っていた。

そろそろ出番か、と決めていた矢先、本当に言葉は悪いがゾロゾロと……職員室に帰ってくる職員を見て、えっもう終わったの？と同時に失望感とともに孤独感が襲い、かなりの時間自分を見失い、我に戻ることができなかった。

心を打つスイートスポットは人を元気にもするし、言葉は悪いが殺してしまう。人を活かす元気にするスイートスポットは、まさに人間性を高め、感性を高める中からしか生まれない。人の心の奥、その奥の襞《ひだ》にまで想いや想像を巡らすことができれば、人を活かすスイートスポットで心と言うボールを打つことができるようになるのだろう。

夕方人気の疎らな職員室でやっと私のその思いをスイートスポットで打ち返してくれた笹埜氏により我に戻ることができた。新春、人生の大きな収穫を得た一日ともなった。

第三十六号（1／26～2／1）【今週のコラム】～裸の付き合い～

先日土曜日、寒さに誘われ、久々に「三田有馬富士花乃山湯」へ行った。この温泉施設には浴室と露天風呂それに四～五人しか入れないサウナがあるが、そのサウナには珍しくテレビがある。ちょうど震災の特集番組が放映中だった。

四十歳代、六十歳代の男性二人の間に座り、失礼とは思ったが、裸でこの番組を見ていた。内容は神戸市の防災訓練、市職員が市内各地から無線や電話で入ってくる情報をメモやボードに整理している様子が放映されていた。

訓練も終盤になり緊急放送が流れる「今から記者会見を行うので職員は全員会議室へ集

合してください」と、模擬プレス発表かなっ、と思っていると、記者に扮した研修会講師が本番さながら質問をする。その質問に的確に返答できない責任者。その責任者を講師が一喝する。「わからなくても、職員が不安を煽る様な態度や情報を提供するな！」。その途端、サウナで右隣に座っていた六十歳代の男性が「そうだ！　人の命がかかっている！　高い給料もらって！」と苦言を呈する。これは嫌な雰囲気やなぁ……と思ったあと、間髪入れずに左隣に座っている四十歳代の男性が「仕方ありまへんで、大混乱の中で人が動くことやさかい。それにこれは訓練や！」と、言う。その後沈黙が続き、サウナ部屋に不穏な空気が流れる。その間に挟まれている五十歳代代表としてはこの両者の世代を埋める何かを話さなければ、とプレッシャーを感じ始めていた。

しかし、ついにこの二人の間を埋める、五十歳代の言葉は出なく、出たのは余計な冷や汗ばかりでした。大変申し訳ありません m(_ _)m

第三十七号（2／2〜2／8）【今週のコラム】〜「同想会」志和（しわ）会〜

先週二十四日（土）幼・小・中の同窓会に新温泉町へ帰省した。ちょうど地域防災訓練の次の日でシンドイなぁと当初は欠席の予定だった。しかし、金曜日の夜に旧友から連絡があり、話しているうちに今から宝塚まで迎えに行くという、そう言われたら、帰るというしかない。ちょうど嫁さんも米子へ次女の後期試験中のお世話に出かけたこともあり、鳥取あたりで拾って帰ろうと決めた。ログハウスを貸切、宿泊もできるとのこと。お風呂は湯村温泉の源泉直管給湯システム採用。一石三鳥と思い、天気もよく、期待を胸に車を走らせた。

各自が料理を持ち寄り、前乗りしている旧友の料理長が下ごしらえをしているという。夕方六時からの開宴だが、実家にはお昼過ぎに到着。仏壇のお花を替えて、線香を上げ、車で五分くらいの会場へ向かう。亡き両親も「お前は帰ってきても、直ぐに帰る」と怒っていることでしょう。

久しぶりの期待感と新鮮な気持ちに心が躍る。会場のログハウスへ到着すると三人がすでに到着していた。照れくさいが、四十年ぶりでも直ぐに名前が出てきた。味見と称してすでにアルコールが出ている。

六十二名の同窓生の内、十五名が参加した。料理の旨さと尽きない話で既に開宴までに、すっかり出来上がり、全員がそろった頃には、絶好調！

頭は薄く、緑の黒髪は白くなったが、心と語らいの「同想会」は〝あつく〟、深夜まで続いた。

第三十八号（2／9～2／15）【今週のコラム】～粋な「注意書き」～

先週一月三十一日、友達と武田尾温泉『別庭　あざれ』でちょっと贅沢なひと時を過ごさせてもらいました。

朝から寒く、雪がちらつく中、西谷に入ると所々白く、絶好の雪見風呂と期待。しかし、道中の山道は台風や水害の爪跡がまだ残っており、それと新名神高速道路の工事と重なって痛ましく感じられた。武田尾温泉へは八年ぶり、以前に比べて少し寂れてきたような……。

『別庭　あざれ』は客室が離れになっており、高級感漂う黒色を基調にした日本風の建物、「お忍び」にもってこい、といっても私には縁も何も関係ありませんが……。

温泉は休日前にしては人がいなく、貸しきり状態でした。時より雪がちらつき、特に露天風呂は自然の枯山水を背景に眼下に武庫川の清流を眺め、まるでテレビで紹介される露天風呂入浴映像（同伴が男性以外）のようで雰囲気も十分満喫できました。

その中で目を引く、こころ温まる配慮を見つけました。露天風呂に小さめの網が置いてあり、その注意書きがなんとも「粋」なのです。

「山の中の源泉かけ流しの露天風呂です。虫さんや木の葉が入ってくることもございます。お気になるようでしたら、お手数ですが網をご利用くださいませ。」

お湯に誤って入った虫をソッと逃がして上げる様子を思い浮かべ、無駄の無い心やさしい文に感心いたしました。

第三十九号（2／16〜2／22）【今週のコラム】〜叱咤の王様〜

七日深夜のMBS毎日「新・情報7daysニュースキャスター」で『おっさんレンタルが急増！』のニュースに目が釘付けになった。

今、叱られたい若者が急増。本やアプリが人気とか。「落ち込んでいる自分を叱ってほしい。背中を押してほしい」という。ある若者はインターネットで見つけたサービス「おっさんレンタル」を利用する。一時間千円。四十七歳の「おっさん」が人生相談、恋愛相談にのる。しかし「おっさん」側は叱っている実感は無い。今の若者は他人から本気で言われたことがないのだろう。適切な、それこそ背中を押すアドバイスが欲しいのだろうと語る。

一方でそんな「おっさん」にも悩みはある。叱れない上司が増えていると言う。叱ると「パワハラ」で訴えられる。むやみやたらには若者を叱れないという。「おっさん」上司は『叱り方セミナー』で若者の「叱り方」を学ぶ。若者も「おっさん」も「スマホコミュニケーションのため実感がわかないのでしょう」（ニュースキャスター談）は理由にはならない。

ある映画を思い出す『謝罪の王様』（監督水田伸生／二〇一三）。阿部サダヲ演ずる代行「謝罪師」（架空）が様々な事件を謝罪のテクニックを駆使して解決していく姿を描く。コミュニケーションに仲介、代行がはびこる社会はなんとも寂しく、味気なく、無機質に感じる。直接その口で誠心誠意謝れば良いものを「口」で叱るから聞かない、聞けない。「心」で叱る、「心」で聞く、人社会の基本ではなかったのか。だれか叱られたい人、叱りたい人は時給一〇〇〇円で仲介しますが……。

第四十号（2／23〜2／29）【今週のコラム】〜〝スキー場〟今昔物語〜

先週末は岐阜県大日岳の中腹「ダイナランド」へスキーに出かけた。朝からの降雪で気温も低く、雪質は最高。シーズンに一回あるかないかの、気持ちのいいスキーを楽しんだ。

近年のスキー場は七～八割がボーダーである。「スキー場」ではなく「ボーダー場」でもいいくらい。現にこの「ダイナランド」も以前は「大日岳スキー場」といっていた。他にも改名されているスキー場が多い。〇〇スノーパークや〇〇スノーリゾートなどスキーという文字が消えてきた。全国唯一のスキーヤー専用ゲレンデのちくさ高原スキー場も三年前よりボーダーに解禁された。

輸送リフトも四人乗りクワッドリフトが主流でペアリフトはほとんど見られなくなった。一時、バブル崩壊に伴い低迷したスキー業界。国産スキーのカザマが倒産、ヤマハが撤退。各地の村営、町営スキー場が閉鎖の中、再興にむけ奮闘した会社があった。NSBC（長尾スキー&ボードクラブの略）のホームゲレンデ「ダイナランド」を含め、全国三十三のスキー場を経営するマックアース（株）は兵庫県養父市に本社を置く。電気の無い、鉢伏高原のスキー小屋食堂「白樺荘」からスタートしたこの会社は今や世界へ羽ばたく一大ベンチャー企業となっている（貴社HP社歴より）。

一九八七年放映の『私をスキーに連れてって』（監督馬場康夫／一九八七）の頃が最高で年間一八〇〇万人、リフト待ち三十分はざらで、今では考えられない。その後八百万人まで落ち込んだ。その後も若者のスキー離れが進んでいる。今やスキーいや失礼ウインタースポーツ産業はボーダーへの人気が高まり、年々盛り返している。ところで、ボーダーは平地やましてや坂道を登ることができない。迂回路ルートなどではよく飛んでいる??スキーヤーが唯一優越感に浸れる瞬間である。しかし、優しいスキーヤーはストックを出して、ボーダーを引っ張ってあげる。最近スキーのストックの役目は「ターンのキッカケ」「バランス保持」の他に「ボーダー移動補助の道具」としての地位を確立した。

マックアースに言いたい、ボーダー三人に一人のスキーヤーのグループなら、リフト券を一名無料にしてほしい。懸命にボーダーの移動を助けるので……。

第四十一号（3/2~3/8）【今週のコラム】~〝春節〟休暇~

大学生の次女が後期試験が終わり、一週間ほど帰ってきていた。特筆すべきことではないが、私が帰る時間にはまだ帰宅していなく、朝は寝ている。

USJ、須磨海浜水族園、ひらかたパーク、夕食会……こちらの友達と遊びまくっている。平日で空いているのかと思いきや、USJは中華圏の人々で一杯だったと言う。そういえば今、中華圏は「春節休み」、日本でいうとお正月休み。日本は心静かに新春を迎えるが、中華圏は爆竹を鳴らす。邪鬼を爆竹の音で追い払うというのだ。その煙がPM二・五の原因の一部になっているのではともいわれるくらいだからスケールが違う。上海の日本人学校へ赴任していた友人がこの時期寝不足になると言っていたのを思い出す。

もっと違うもので追い払ってほしいと思うが、文化の違いと言うより世界観の違いを感じる。

一方遊び歩く次女は本人曰く「試験後の緊張と緩和」らしい。「これがあるからがんばれる」という。確かに若い人は毎週でもボードに行く。私なんかは家でジッとして無駄なエネルギーを一カロリーでも消費したくない。でも確かにこれではストレスは発散できていないが、これも世界観の違いでしょうか？

第四十二号（3／9〜3／15）【今週のコラム】〜普通の男の子に戻りたい！〜

この時節になると、ついつい口ずさむ歌がある。キャンディーズの『春一番』（作詞作曲穂口雄右／一九七六）。キャンディーズは、一九七〇年代に活躍した日本の女性三人組伊藤蘭（愛称ラン）田中好子（愛称スー二〇一一年〈平成二十三年〉四月二十一日死去）藤村美樹（愛称ミキ）のアイドルグループである。

一九七七年夏、京都で浪人生活をしていた私は衝撃を受けた。人気絶頂期に突然解散宣言をコンサートの最中に行う。この〝事件〟は翌日予備校での話題をさらった。ランちゃんが泣き叫びながら発言した「普通の女の子に戻りたい」は非常に有名になり、当時流行語にもなっている。

私はミキちゃん派だった。三人の中では一番地味？であったが、長男の私は暖かく包んでくれそうなお姉さんに憧れた。解散した直後の『微笑返し』（作詞阿木燿子・作曲穂口雄／一九七八）は初のオリコン第一位。翌年七十八年四月に後楽園球場で開催した「さよならコンサート」の最後に言った「本当に私たちは幸せでした」の口上も当時一斉を風靡した。

今、ランちゃんは『相棒』（テレビ朝日／二〇〇〇〜）右京さんの妻。『DOCTORS3〜最強の名医〜』（テレビ朝日／今夜最終回）の内科医皆川和枝役を演ずる女優である。スーちゃんも女優で活躍したが、二〇一一年乳ガンのため五十五歳で死去。ミキちゃんはソロ活動を継続。『ザ・ベストテン』（ＴＢＳ／一九七八〜一九八九）にも出演した。

我が青春のアイドル。元気と勇気、夢と希望を与えてくれた。

この年になり叫びたい時がある。「普通の男の子に戻りたい！」

第四十三号（3／16～3／22）【今週のコラム】～親父の背中～

遠方からの、特に田舎や親戚から夜中突然の連絡には肝を冷やす。夜十一時過ぎに山梨の息子からの突然のメール「三河武士・徳川家康ってお酒はお祖父さんが造っていたお酒ですか?」。悪い知らせでなくホッとする。どうも会社の研修会レポートを作成中にインターネットで偶然、爺さんの名前とこの銘柄、そして古い新聞記事にヒットしたとのこと。私の親父はおふくろが亡くなり、一人になると入退院を繰り返し、四年前におふくろの後を追うように他界した。二十歳の時から冬季期間出稼ぎ労働者として四十数年、酒作りにその生涯を捧げた。

息子は「子どもの頃のやさしいお祖父さんの面影とこの記事に書かれている厳しい〝ものつくり職人〟とが重ならなかった」とのこと。それで夜遅くにどうしても確認したかったのだと……。添付して送ってもらったPDFの新聞記事は老眼には読みづらかったが、改めてそれも遅すぎるが〝酒造り職人〟としての親父の姿を痛切に再認識させられた。

酒造りで一番大切なことは何か、と尋ねられ「酒造りは技術的なことはもちろん大切ですが、十一月の初めから半年近く、故郷を離れて仕事をし、日曜もない厳しい暮らしなので、人をどのようにまとめていくかが、大きな仕事です」「一人だけ頑張ってもダメです。

色んな考えを持った人の集まりですから、でも蔵内を乱す人は絶対に許しません」とインタビューに応えての言葉が眠気の身を引き締めさせた。

息子がメールをくれる。「お祖父さんは凄い人だったんですね」との返信に「そうですね。でももっと凄いのはお祖父さんのいない厳しい但馬の冬、その中で私たち家族を支えてきたお祖母さんの方だと思います」と送った。「いかにも、その通り」と返ってきた。今年のお盆には一緒に田舎に帰ろう、と約束してメールを閉じた。

早春の深夜に三世代の心が繋がったように思え、ささやかだが幸せを感じた。

親父、おふくろ、そして息子「ありがとう！」

第四十四（廃刊）号（3／23～3／29）雨にも負けず～教頭編第二弾～

雨にも負けず
風にも負けず
災害《じこ》にも流感《かぜ》にも負けぬ
丈夫なからだをもてと言われ

慾はもたず　決して怒らず
いつも冷静で笑顔を絶やさない

一日に十六時間働き
冷めたコーヒーと少しのお菓子を食べ
あらゆることを　自分の感情を入れず
よく見聞きし　分かり
　　報告し　そして忘れず
職員室の真ん中の　大きな机に座り
少しの保管庫と　大量の書類に囲まれ

東に体調不良の子供あれば
行って看病してやり
西に苦しむ教師あれば
その思いの内を聴き

一緒に苦しもうという
南に悩む保護者あれば
行ってその悩みの束を負い
北に喧嘩や苦情があれば
私が請け負うから
つまらぬ争議はやめろという

日照りの時は　雨《みず》になり
寒さの時は　太陽《だん》になる
みなに「キョートー」と呼ばれ
褒められもせず　苦にはされ

そういう教師《ひと》に
わたしはなりたい

編集後記～二週間前を生きる～

平成二十三年から平成二十六年の足掛け四年間で書き留めた「今週のコラム」は創刊号から廃刊号まで一三五編と特別号二編の一三七編。総字数にすると八万五五八六文字。よく書き綴ってきたと思いきや、一体新聞の文字数はというと一頁約一万二千字、朝刊では三十頁なのでそれでも新聞の七頁分にしか満たない。しかし、自分の思いを込めて書き綴ったことは新聞より遥かに多いと自負している。

退職を前に校長室が片付く頃から五年ぶりに何故かもう一度読み返し始めた。新型コロナウイルス感染症（COVID-19）、ウイルス名（SARS-CoV-2）の感染拡大の中、自分の書いたコラムに今を生きる元気や勇気をもらった。しかし、四月になり新しい職場での生活が始まり、学校閉鎖に伴い、自分に責任や判断がなくなったことへの罪悪感がなかなか消えることはなかった。

『新型コロナウイルス感染症対策の基本的対処方針』（令和二年三月二十八日／令和二年四月十一日変更）によるとコロナウイルスの潜伏期間は一～十四日（一般五日）と言われている。今日は四月十四日、退職して十四日、二週間が経過する。少なくても私からの学校の子どもたち、教職員への感染、校内、校区関係者の感染はなかったと少し安堵する。

去る三月三十一日、最後の学校を後にした時、「保護者からお預かりした大切な小さな命を無事お返しすることが出来た」と安堵したが、卒業式、運動場開放、一時預かり保育での感染を心配しながら、四月から新しい職場での仕事が始まった。

卒業式の二週間後の四月三日、運動場開放から二週間経過後の四月九日以降を危惧しながら、今日を迎える。前任校区内に未だに感染の兆候はないようだが、発症しない宿主（キャリア）を生んだかもしれないと……、一抹の不安は拭えない。

だから、私には、まだ『校長の責務』は終わらない。明日から、また二週間前を気にしながら生きていく。

最後になったが、本エッセイ集『実録「雨ニモマケズ」～教頭編～』の編集、出版に際し、株式会社牧歌舎竹林哲己代表、伊丹本社編集担当の佐藤裕信氏、竹林真子氏には細部に渡るアドバイス、励ましありがとうございました。また、前任校の元同僚で現代アート作家の笹埜能史《ささのよしふみ》氏には足掛け五年以上にわたり、『今週のコラム』の出版に際し、悩んだ時に大きな支えとなって頂いたこと、また表紙と挿画の作成依頼にも快諾いただいたことに対し深く感謝申し上げます。
そして、最終校正に際し外出自粛をいいことに付き合せ、「そうかなぁ……」、「こんなことは言っていない！」、「子供や孫にも載せていいか聞き！」と、一番鋭い批評を傍で呟きながら完璧な校正に仕上げ支えてくれた妻小百合に敬意を表します。

令和二年四月吉日
宝塚市すみれガ丘　自宅にて

Sa.

■著者プロフィール

氏　　名　西岡　章博（にしおか　あきひろ）
生年月日　1958 年 5 月 7 日生　61 歳
生 ま れ　兵庫県美方郡新温泉町
住　　所　兵庫県宝塚市すみれガ丘在住
家　　族　妻（小百合）子 3 人　孫 7 人（2020 年 4 月現在）
職　　歴
1982 年　兵庫県公立学校教員採用宝塚市立養護学校教員任用
1997 年　宝塚市立丸橋小学校任用
2002 年　兵庫教育大学大学院修士課程入学
2004 年　同大学院卒業
2007 年　宝塚市立山手台小学校任用
2009 年　宝塚市立長尾小学校教頭任用
2015 年　宝塚市立高司小学校校長任用
2019 年　同校退職　同校再任用
2020 年 3 月　宝塚市立高司小学校校長退職
現在宝塚市教育委員会学校教育課勤務

実録『雨ニモマケズ～教頭編～』

2020 年 9 月 10 日　初版第 1 刷発行
著　者　　西岡　章博
発行所　　株式会社牧歌舎
〒 664-0858　兵庫県伊丹市西台 1-6-13 伊丹コアビル 3F
TEL.072-785-7240　FAX.072-785-7340
http://bokkasha.com　　代表：竹林哲己
発売元　　株式会社星雲社（共同出版社・流通責任出版社）
〒 112-0005　東京都文京区水道 1-3-30
TEL.03-3868-3275　FAX.03-3868-6588
印刷・製本　藤原印刷株式会社

ISBN 978-4-434-27972-0　C0037